틴커리어
내 진로를 찾아줘~!

Teencareer.

틴커리어

내 진로를 찾아줘~!

표정완, 김도용, 전수진

YD 연두에디션
Edition

저자약력

표정완 현 표쌤코딩 대표

김도용 현 인천석정초등학교 교사

전수진 현 호서대학교 교수

테커리어
내 진로를 찾아줘~!

발행일 2023년 11월 29일 초판 1쇄
2024년 11월 13일 초판 2쇄
지은이 표정완 · 김도용 · 전수진
펴낸이 심규남
기 획 심연진
표 지 신현수 ｜ **본 문** 이경은
펴낸곳 연두에디션
주 소 경기도 고양시 덕양구 삼원로 73 한일윈스타 지식산업센터 8층 809호
등 록 2015년 12월 15일 (제2015-000242호)
전 화 031-932-9896
팩 스 031-624-2176
ISBN 979-11-93177-06-8
정 가 15,000원

차례

 손뼉등대 • 7

 인공지능선풍기 • 25

 후후비행기 • 39

 전기자동차 • 53

 아크릴램프 • 73

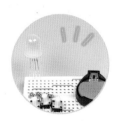 전기 전문가(버튼 LED) • 89

손뼉등대

에드워드 호퍼의 등대가 있는 언덕
Lighthouse Hill, 1927 by Edward Hopper

출처: https://www.edwardhopper.net/lighthouse-hill.jsp

위 그림은 에드워드 호퍼의 1927년작, '등대가 있는 언덕'이라는 작품입니다. 에드워드 호퍼는 유화 물감으로 언덕 꼭대기에 있는 등대와 오두막집을 매우 사실적으로 표현했지요. 가만히 보면 높게 탁 트인 푸른 하늘이 보이지만 이내 어딘가 불안한 느낌을 주기도 합니다.

왜 그럴까요? 등대가 너무 높은 곳에 있어서 그런 것 같다는 생각이 들기도 합니다. 높은 등대에 불을 켜기 위해서 힘겹게 올라가는 등대지기가 문득 떠오르네요. 세상 사람들과 거리를 둔 채 높은 오두막에서 쓸쓸히 등대를 벗 삼아 하루를 보내고 있을지도 모르겠어요.

등대와 관련된 짧은 이야기를 한 편 읽어봅시다.

함께 생각해 볼까요?

- 그림에 등장하는 건물은 몇 개가 있나요?
- 건물은 어디서 바라본 모양인가요?
- 그림자의 방향을 생각해 보면 해는 어디에 떠 있을까요?

명화와 함께 읽는 이야기

할아버지의 등대는 이 근처를 지나가는 뱃사람들에겐 안전의 상징이었지만, 마을 사람들에게는 왠지 모르게 공포스럽고 불편한 기운이 느껴졌어요. 특히 밤이 되면 등대와 오두막은 '등대가 있는 언덕'의 작품처럼 불길하게 보이기도 하지요.

게다가 자신이 하는 일에 보람을 느끼고 일평생을 등대지기로 살아온 할아버지도 등대를 관리하는 것이 점점 힘들어져서 마음이 무겁게 느껴졌답니다. 언제 등대지기를 그만두어야 하나 하루이틀 날짜를 세고만 있었어요.

그러던 어느 날 특별한 능력을 가지고 있는 한 소년이 할아버지의 이야기를 듣게 되었습니다. 그 소년은 손뼉을 칠 때마다 작은 불빛을 만들 수 있었어요. 그리고 이 능력으로 할아버지와 마을을 도와줄 수 있을까? 생각했지요.

그리고 소년은 할아버지를 만나러 갔습니다. 소년은 할아버지와 등대지기의 삶에 관해서 이런저런 이야기를 나누다 조용히 물어보았어요.

"할아버지, 혹시 등대를 켜기 위해서 올라가는 일이 너무 힘들지 않으세요?"

할아버지는 소년을 응시하며 잠깐 생각에 잠긴 듯 했어요. 그러고는 긍정도 부정도 아닌 애매한 표정을 지으며 소년을 쳐다보았답니다.

"할아버지, 제가 도와드릴 수 있을 것 같아요. 손뼉을 치면 불이 들어와요. 이걸로 등대를 켜고 끌 수 있을 것 같아요."

할아버지는 소년의 말을 믿지 못했어요. 그저 미소를 지었지요. 그런데, 소년이 손뼉을 치자마자 작은 불빛이 생겼어요. 할아버지는 눈을 휘둥그레 뜨고 놀랐어요. 그리고 소년은 할아버지에게 손뼉을 치면 불이 켜지는 등대 마술의 비밀을 알려주었지요.

등대 불을 켜는 방법을 새로 바꾼 할아버지는 이 신기한 마술 같은 일을 혼자만 알고 있기가 너무 아까웠어요. 그래서 마을 사람들을 등대로 초대했어요. 그리고 손뼉을 치자, 등대가 밝게 빛났어요. 마을 사람들은 놀라움과 기쁨으로 환호를 보냈고 할아버지를 보는 눈은 경의로 가득 찼습니다.

그 후로, 할아버지는 종종 마을 사람들과 함께 '손뼉을 치면 불이 들어오는 등대' 놀이를 하기로 했어요. 아무 때나 손뼉을 쳐서 등대를 킬 수는 없으니 등대가 깜빡여야 할 때나, 처음 등대 불을 켤 때 원하는 마을 사람들이 불을 켤 수 있도록 배려해주었답니다.

그리고 할아버지는 더 이상 등대지기를 그만둘 생각은 하지 않았어요. 왜냐하면 등대는 이제 모든 마을 사람들에게 희망과 사랑, 그리고 무엇보다도 기쁨을 주고 있었으니까요.

소리를 인식해서 불을 켜는 손뼉등대

학습목표

- 손뼉을 치면 불이 켜지는 등대의 알고리즘을 설계해 봅시다.
- 등대를 만들기 위해서 필요한 부품을 알아봅시다.
- 등대를 나만의 멋진 디자인으로 완성해 봅시다.
- 자신과 다른 사람의 등대를 함께 살펴보면서 잘한 점을 칭찬해 봅시다.

손뼉등대
제품조립 유튜브

▶ 제품 구성품 안내

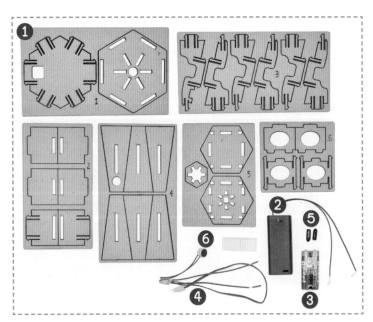

❶ 손뼉등대 나무키트	: 1개
❷ 배터리 케이스	: 1개
❸ AAA 배터리	: 2개
❹ 소리센서 PCB모듈	: 1개
❺ 앤드캡	: 2개
❻ 양면테이프	: 2개

▶ 조립 주의사항

✓ 버클형 부품 쉽게 끼우고 빼기

어때요? 참 쉽죠?

표쌤코딩

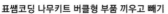

표쌤코딩 나무키트 버클형 부품 끼우고 빼기

영상으로 시청하세요.

https://youtu.be/dWGRB6TE9dY

1번(아래판) 2번(버클형)

버클이 있는 나무키트 1번과 2번을 준비하고,
2번을 1번에 끼워줍니다.

🚧 조립 주의사항

나무키트 1번에 스위치 구멍이 있습니다.
스위치 구멍 반대편에 있는 버클에 2번을 끼워
주세요.

#1(아랫판) #2(버클형)

배터리 넣기

배터리 케이스의 뚜껑을 열고 배터리를
넣어줍니다.

🚧 조립 주의사항

배터리는 +극과 -극이 있습니다.
튀어나온 부분은 +극
평평한 부분은 -극
배터리를 넣을때 왼쪽 그림을 참고하시고
극성에 유의해서 넣어주세요.

배터리 케이스에 배터리를 넣어주세요.

배터리를 넣으실때 -극(평평한면)을 스프링에 닿게
비스듬히 넣고 +극(튀어나온면)을 눌러주시면 됩니다.

배터리
홀더 AAA
배터리 x 2

배터리 케이스

배터리 케이스에 양면테이프를 붙이고 앞서 조립한 1번 판에 배터리 케이스를 붙입니다. 배터리 케이스의 스위치가 1번판의 스위치 구멍을 향하도록 조립해주세요.

🚧 조립 주의사항

배터리케이스를 앞서 조립한 2번 나무쪽에 가까이 붙도록 조립해 줍니다.
너무 붙어서 2번을 바깥쪽으로 밀지 않게 해주세요. (1미리 정도 이격)

배터리 케이스에 양면테이프를 붙이고 앞서 조립한 1번 나무판에 붙여줍니다.

* 스위치는 반드시 OFF로 해 주세요 *

#1 | 배터리 케이스 | 양면 테이프

2번(버클형) 조립

나머지 2번 버클형도 조립해 줍니다.

🚧 조립 주의사항

배터리 케이스의 스위치는 항상 OFF가 되도록 설정해 주세요.

#2(버클형)

2번(일반형) 조립

나머지 2번(일반형) 나무키트도 사방으로 조립해줍니다.

🚧 조립 주의사항

나머지 4개의 2번은 모양이 모두 같으므로 아무데나 끼우셔도 됩니다. 깨끗한 면이 바깥쪽에 오도록 나무면을 잘 살펴서 조립해 주세요.

#2(일반형)

1번(윗판) 조립

1번(윗판)을 조립해 줍니다.

🚧 조립 주의사항

이때 배터리 케이스에서 나온 선을 1번(윗판)의 중앙 구멍으로 넣어 바깥쪽으로 빼내 주세요.

#1(윗판)

1번(윗판)에 센서선 넣기

1번(윗판)의 가운데 구멍으로 소리센서의 전원선을 넣어줍니다.

🚧 조립 주의사항

소리센서의 여러 선들 중 전선이 노출되어 있는 선이 전원선입니다.

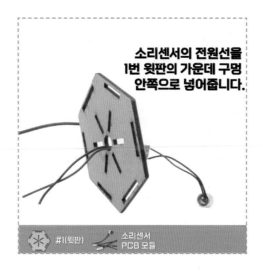

**소리센서의 전원선을
1번 윗판의 가운데 구멍
안쪽으로 넣어줍니다.**

#1(윗판)　　소리센서
　　　　　　PCB 모듈

같은색 선 두개를 준비해 나란히 잡아주세요

영상으로 시청하세요.

https://youtu.be/wu6HufxYvqc

센서부 결선

소리센서 PCB에서 나온 선과 배터리를 연결해 줍니다.

🚧 조립 주의사항

그림과 같이 같은색 선끼리 x자 형태로 놓고 선을 꼬아줍니다.
선을 여러 번 꼬아서 빠지지 않도록 단단히 연결해주세요.

센서부 결선

꼬아서 잘 연결된 선을 모아 한손으로 잡고 앤드캡을 이용해 노출된 전선이 보이지 않도록 씌워줍니다.

🚧 조립 주의사항

노출된 전선이 다른색 전선과 만나면 합선이 일어나 불이 날 수 있으니 앤드캡이 빠지지 않도록 꼭 끼워 주세요.

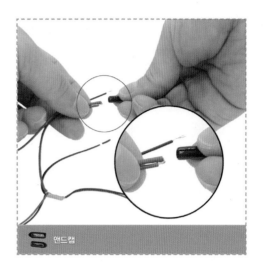

앤드캡

엔드캡 끼우고 작동확인

검은선과 빨간선 모두 결선해주고 앤드캡으로 잘 마무리 해 줍니다.
그리고 작동여부를 미리 확인해 봅니다.
확인 후 전원은 OFF해 주세요.

🚧 조립 주의사항

노출된 선이 삐져나와있지는 않은지 다시 한번 확인해 주세요.
배터리 스위치를 켜고 손뼉을 쳐서 LED가 잘 작동하는지 확인해 주세요.

결선된 전선이 노출되지 않도록 엔드캡을 씌워 보호해줍니다

#1(윗판)   소리센서 PCB 모듈

1번판 끼우고 선정리

1번 윗판을 덮어주고 가운데 구멍으로 센서와 LED선을 넣어 정리해 줍니다.

🚧 조립 주의사항

안쪽에 공간이 충분하기 때문에 천천히 안쪽으로 넣어주시면 됩니다.
무리하게 넣다가 선이 끊어지거나 납땜이 떨어지지 않도록 주의해주세요.

1번 윗판을 아래판에 조립해주고 길게 나온 선들을 구멍을 통해 안쪽으로 넣어 짧게 정리해줍니다.

#1(윗판)   소리센서 PCB 모듈

3번 4번 조립

나무키트 3번과 4번을 모두 결합해줍니다.

🚧 조립 주의사항

옆 사진을 잘 참고해서 센서가 들어가는 3번 4
번과 일반 조립용 3번 4번을 잘 구분해 주세요.

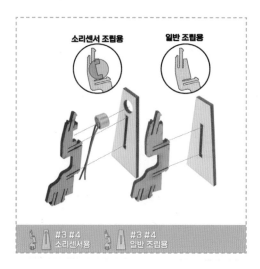

3번+4번 소리센서용 조립

앞서 조립한 3번 4번중 센서부 먼저 바닥부분
에 조립해 줍니다.

🚧 조립 주의사항

버클 부분을 꽂을 때 너무 힘줘 누르지 마시고
버클의 한쪽부분을 먼저 넣고 눌러주면서 끼
우면 더 잘 끼워집니다.

센서가 조립된
3번+4번을 먼저
조립해줍니다.

3번+4번 일반조립용 조립

3~4개만 먼저 조립해 줍니다.
그리고 빈 공간에 긴 선들을 정리해
줍니다.

🚧 조립 주의사항

선을 정리할때 나무와 나무사이에 선이 끼어
눌리지 않도록 빈 공간에 잘 정리해 줍니다.

3번과 4번 4개를
먼저 조립하고 안쪽
공간에 선을 넣어
정리해줍니다

3번 4번 조립

전선 정리가 끝났으면 나머지 3번과 4번도 마져 끼워줍니다.

조립 주의사항

나무키트에 전선이 물려 꽉 끼는 일이 없도록 잘 확인해 주세요.
LED선은 윗쪽으로 빼주세요.

나머지 3번 4번을 조립해서 몸체를 완성해 줍니다.

#3 + #4
일반조립용

1번(상단 고정핀) 조립

1번(상단 고정핀)을 등대 몸체 최 상단에 3번핀들 사이로 끼워줍니다.
그리고 LED선도 안쪽으로 밀어 넣어 짧게 정리해 주세요.

조립 주의사항

이 고정핀을 끼워주셔야 등대 몸체가 고정이 되어 다음 작업이 수월해 집니다.
부품이 작으니 분실과 파손에 유의해서 조립해 주세요.

#5(상단 고정판)

5번(아래판) 조립

나무키트 5번(아래판)을 조립해 줍니다.
LED를 빼고 LED소켓을 5번을 조립하고 다시 LED를 끼워주고 5번을 등대 몸체에 있는 3번핀들에 조립해 줍니다.

조립 주의사항

색이 지워져 보이지 않는다면 LED를 뺐다가 반대로 꽂아가며 테스트 해 봅니다.

5번에 LED를 까울때 LED를 분리 후 소켓을 5번에 끼우고 LED를 다시 소켓에 끼워줍니다

LED는 방향이 있으니 LED다리와 소켓에 칠해진 색을 확인하고 방향에 맞춰 끼우세요

#5(아래판)

6번(버클형) 조립

나무키트 6번(버클형)을 조립해 줍니다.

조립 주의사항

버클형 조립시 버클고리가 부러지기 쉬우므로
주의해서 조립해 주세요.

6번의 튀어나온
부분은 부러지기
쉬우므로 조립시
주의해 주세요.

#6(버클형)

6번(일반형) 조립

나무키트 6번(일반형)을 조립해 줍니다.

#6(일반형)

5번(윗판) 조립

나무키트 5번(윗판)을 조립해 줍니다.
버클이 들어가는 부분과 그렇지 않은 부분을
잘 살펴보고 조립해주세요.

조립 주의사항

6번(버클형)을 조립할때 버클고리가 부러지지
않도록 주의해서 조립해 줍니다.

#5(윗판)

손뼉 등대 완!성!

손뼉등대가 완성되었습니다.
이제 박수로 등대의 불을 밝혀주세요!

멋지게 꾸며 보아요!

도전! 나도 디자이너

✅ 등대를 좀 더 예쁘게 꾸며볼까요?

- 색종이: 색종이를 이용해서 등대의 유리창이나 벽에 붙일 수 있는 다양한 형태와 패턴을 만들어 봅시다. 별, 달, 하트 같은 모양들이 엄청 잘 어울릴 것 같네요.
- 스티커: 다양한 반짝이 스티커를 이용해서 등대를 더욱 빛나게 만들 수도 있을 것 같아요. 반짝이 풀을 사용해 보는 것도 한 방법이겠지요?
- 색칠: 물감이나 사인펜을 이용해서 등대에 그림을 그릴 수도 있어요. 물결이나 구름, 해나 달 등을 그려보세요.
- 글씨 넣기: 등대의 이름을 혹시 지었나요? 자신의 이름이나 좋아하는 문구, 혹은 등대가 어떤 의미를 가지는지를 생각해봅시다.

✅ 세상에서 하나밖에 없는 나만의 등대

- 나의 등대에서 가장 공을 많이 들인 부분은 무엇인가요?

- 등대를 만들면서 아쉬웠던 점에는 무엇이 있나요?

- 등대를 만들면서 궁금했던 점이 있나요?

미래 직업을 알려줘!

손뼉을 치면 등대가 켜지고 손뼉을 다시 한번 치면 등대가 꺼집니다. 어떻게 이런 일이 가능했을까요? 그것은 손뼉같이 일시적으로 큰 소리가 들리면 이것을 센서가 인식하여 전기로 신호를 보내기 때문입니다. 이런 놀라운 일이 가능하기 위해서는 몇 가지 필요한 것이 있습니다.

1 소리를 어떻게 듣지?
2 소리를 듣고 나서 신호는 어떻게 보내지?
3 신호를 보내고 나서 어떻게 불을 켜지?

이 3가지가 궁금하다면 이미 여러분은 충분히 미래를 알 준비가 끝난 셈입니다. 그럼 차근차근 하나씩 알아볼까요?

소리를 어떻게 듣지?

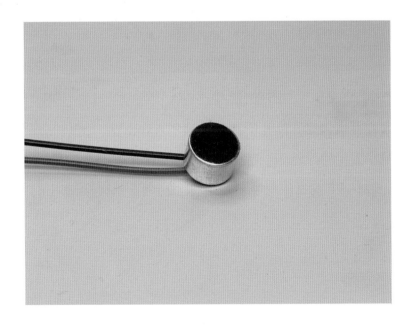

소리를 듣기 위해서는 소리 센서가 필요합니다. 여러분은 이번에 PCB 모듈(키트에 있는 해당 부품 사진 첨부)이라는 소리 센서를 이용했습니다. 소리 센서는 사실 마이크나 여러분 귀에 있는 고막과 비슷한 원리로 작동합니다.

우리가 소리를 들을 수 있는 이유는 주변의 공기가 떨리기 때문이지요. 공기가 떨리면서 생기는 진동이 소리 센서(마이크와 고막까지)를 떨리게 하고 그러면 소리 센서가 소리가 들어왔구나! 하고 인식을 합니다.

✅ 소리를 듣고 나서 신호는 어떻게 보내지?

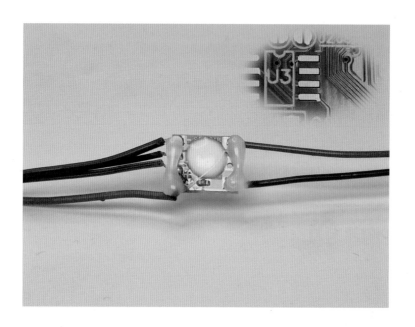

소리 센서가 감지한 신호는 '마이크로컨트롤러'라는 작은 컴퓨터로 전달됩니다. 우리가 가지고 있는 PCB 모듈을 자세히 보면 작은 선들이 연결되어 있는 것들이 보일 겁니다. 바로 그게 소리 센서가 작동하고 있다는 것을 처리하고 있는 컴퓨터에요. 마이크로컨트롤러는 이 신호를 분석해서 어떤 동작을 해야 할지 결정해요. 예를 들어, 손뼉 소리가 들리면 불을 켜라는 신호를 보냅니다.

😃 신호를 듣고 나서 신호는 어떻게 보내지?

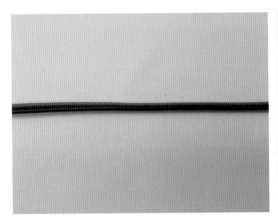 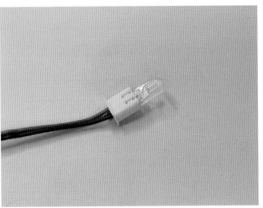

마이크로컨트롤러가 '불을 켜라' 또는 '불을 꺼라'는 명령을 내리면, 이 명령은 전기선(키트에 있는 해당 부품 사진 첨부)을 따라 전등으로 향합니다. 이러한 전등을 액추에이터라고 부르기도 합니다. 액추에이터는 기계나 시스템을 움직이게 하는 장치로, 이 경우에는 전기를 통제해서 불을 켜고 끄는 역할을 합니다. 전등 외에도 로봇을 움직이게 하는 모터, 자동차를 움직이게 하는 바퀴 등 무언가 변하게 만드는 것은 모두 액추에이터라고 부릅니다.

이런 기술은 다양한 분야에서 사용되고 있습니다. 그래서 이런 것들에 관심이 있다면, 미래에는 다양한 직업을 선택할 수 있을 거에요.

😃 틴커리어의 직업추천

- 센서 기술 전문가: 다양한 센서를 개발하고 응용하는 일을 합니다.
- 소프트웨어 엔지니어: 센서에서 받은 데이터를 처리하고 분석하는 프로그램을 만듭니다.
- 전자 공학자: 신호를 안정적으로 전달할 수 있는 회로나 부품을 설계하고 만듭니다.
- 로봇 공학자: 센서, 프로그래밍, 전자공학 등을 종합적으로 활용하여 로봇을 만드는 일을 합니다.
- 환경 공학자: 센서 기술을 이용해서 환경 모니터링을 하는 일을 합니다.

예제문제

1. 다음 ○○○○에 들어갈 말을 찾아보세요.

> 우리가 소리를 들을 수 있는 이유는 주변의 공기가 떨리기 때문이다. 공기가 떨리면서 생기는 진동이 ○○○○를 떨리게 하고 그러면 ○○○○가 소리가 들어왔다고 인식합니다.

① 온도센서

② 소리센서

③ 인체 감지센서

④ 적외선 센서

2. 관련된 미래 직업과 하는 일이 바르게 연결되지 않은 것을 고르시오.

① 센서 기술 전문가: 사람이 있는지 감지하는 새로운 센서를 개발했어.

② 소프트웨어 엔지니어: 온도가 몇 이상이면 불이 났는지 자동으로 판단했어.

③ 로봇 공학자: 압력과 습도를 이용해서 태풍이 오는지 감지하는 프로그램을 만들었어.

④ 환경 공학자: 지구 온난화의 영향에 따른 섬지역 해안 침식을 알기 위해 센서를 설치했어.

인공지능선풍기

추수하는 농부들
The Harvesters, 1565 by Pieter Bruegel the Elder

출처: https://www.metmuseum.org/art/collection/search/435809

이 그림은 브뤼겔의 '추수하는 농부들'이에요. 브뤼겔은 여기서 농부들이 뜨거운 여름 태양 아래에서 얼마나 힘들게 일하는지를 생생하게 그렸습니다. 넓은 밭에서 농부들이 곡식을 수확하는 모습이 주를 이루지만, 그 배경에는 푸른 하늘이 넓게 펼쳐져 있어요. 그런데, 그 하늘 아래 농부들의 모습을 보면, 그들이 얼마나 힘들게 일하고 있는지 짐작할 수 있죠.

농부들이 일하는 그 밭은 너무너무 넓어서, 그들에게는 시원한 바람이나 그늘 같은 작은 위안이 정말 필요해 보이네요. 아마도 그들도 잠시나마 그늘에서 쉬거나, 시원한 물 한 모금이 얼마나 좋을지 상상하며 일할 것 같아요.

함께 생각해 볼까요?

- 그림 속의 계절은 어떤 계절인 것 같나요?
- 농부들이 일을 하면서 들고 있는 도구는 어떤 종류가 있나요?
- 그림 속 사람들을 두 종류로 분류한다면 어떻게 분류할 수 있을까요?

 명화와 함께 읽는 이야기

여름이 되면, 농부들은 뜨거운 태양 아래에서 땀을 흘리며 곡식을 수확하곤 했죠. 농부들을 위로해 주는 것은 고단한 일 끝에 달콤한 휴식이었어요. 드넓은 논 옆에 아주머니가 운영하는 작은 쉼터가 있었어요. 농부들을 위해 아주머니는 그 쉼터에서 차가운 물과 함께 휴식을 제공해 주었어요.

어느 날, 아주머니는 마을 밖에서 특별한 선풍기를 구입해왔어요. 그것은 바로 '마법의 선풍기'였습니다. 이 선풍기는 더운 사람이 앞에 있으면 자동으로 바람의 세기와 방향을 조절해 주는 놀라운 기능을 가지고 있었답니다.

아주머니는 이 선풍기를 그늘에 설치했어요. 처음에는 농부들은 그저 그런 선풍기일 뿐이라고 생각했죠. 하지만, 한 번 사용해 보면서 그 편리함과 시원함에 모두 홀딱 반하게 되었어요. 농부들은 더 이상 뜨거운 햇볕 속에서도 의욕을 잃지 않았답니다. 마법의 선풍기가 그들의 체온을 감지하고, 딱 맞는 바람을 불어주었으니까요.

마을 사람들은 이 소식을 듣고 모두 아주머니의 쉼터를 찾아왔어요. 그들은 그 선풍기의 시원한 바람을 직접 느껴보고 싶었거든요. 그래서 아주머니는 마을 사람들에게 그 선풍기를 보여주며 그 특별한 기능을 설명해 주었답니다.

그 후로, 농부들은 더욱 자주 아주머니의 쉼터를 찾게 되었어요. 그들은 돌아가면서 쉼터에서 휴식을 취하며, 마법의 선풍기 아래에서 시원한 바람을 느끼며 힘을 얻었답니다. 그리고 그들은 더 이상 뜨거운 여름 태양을 두려워하지 않았어요. 왜냐하면, 그들에게는 마법의 선풍기와 아주머니의 쉼터가 있었으니까요.

인공지능선풍기

학습목표

- 센서를 이용하여 사용자의 위치를 감지하고 작동하는 선풍기 알고리즘을 설계해 봅시다.
- 선풍기를 만들기 위해서 필요한 부품을 알아봅시다.
- 선풍기를 나만의 멋진 디자인으로 완성해 봅시다.
- 자신과 다른 사람의 선풍기를 함께 살펴보면서 잘한점을 칭찬해 봅시다.

인공지능선풍기
제품조립 유튜브

▶ 제품 구성품 안내

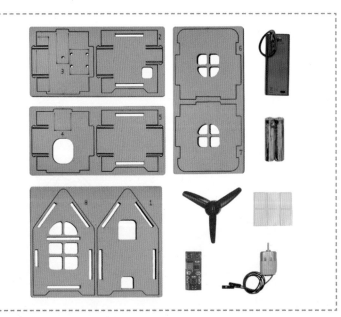

❶ 인공지능 선풍기 키트 : 1개
❷ 모터   : 1개
❸ AAA배터리홀더   : 1개
❹ AAA배터리   : 2개
❺ 근접센서 모터모듈   : 1개
❻ 양면테이프   : 6개
❼ 프로펠러   : 1개

조립 주의사항

✓ 버클형 부품 쉽게 끼우고 빼기

표쌤코딩 나무키트 버클형 부품 끼우고 빼기

영상으로 시청하세요.

https://youtu.be/dWGRB6TE9dY

근전센서 모듈 준비

근접센서 모터 모듈을 준비하고 모듈의 뒷면에 양면테이프를 두 장 겹쳐 쌓아 붙여줍니다.

🚧 조립 주의사항

표쌤코딩 로고가 있는 평평한 부분이 뒷면입니다.

양면 테이프 두장을 겹쳐 쌓아
두껍게 만들어붙여줍니다.

근접센서 모터모듈   양면테이프

근접센서 모듈 조립

모듈에 붙인 양면테이프 종이를 떼어 그림과 같이 나무키트 1번에 붙여줍니다.

🚧 조립 주의사항

나무키트 1번 아래쪽 구멍의 중간쯤에 센서가 위치하도록 붙여주세요.

1번 나무의 아래쪽
구멍에 센서부가
적당한 위치에
오도록 붙줍니다.

#1   근접센서 모터모듈

3번 조립

나무키트 2번에 나무키트 3번을 결합해 줍니다.

조립 주의사항

나무키트 2번의 글씨가 똑바로 보이도록 놓았을때 아래쪽에 조립해 주세요.

2번의 아래 부분에 3번을 조립해 줍니다

#2   #3

배터리 넣기

배터리 케이스의 뚜껑을 열고 배터리를 넣어줍니다.

조립 주의사항

배터리는 +극과 −극이 있습니다.
튀어나온 부분은 +극
평평한 부분은 −극
배터리를 넣을때 왼쪽 그림을 참고하시고 극성에 유의해서 넣어주세요.

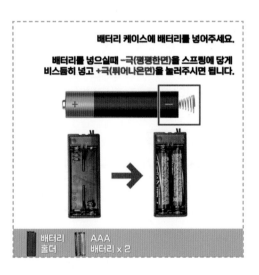

배터리 케이스에 배터리를 넣어주세요.

배터리를 넣으실때 −극(평평한면)을 스프링에 닿게 비스듬히 넣고 +극(튀어나온면)을 눌러주시면 됩니다.

배터리
홀더   AAA
배터리 x 2

배터리 케이스에 양면테잎 붙이기

배터리 홀더에 양면테이프를 그림과 같이 붙여주세요.

조립 주의사항

스위치가 있는 면에 양면테이프를 붙여주세요.
배터리를 넣어주시고 스위치는 OFF로 해 주세요.

배터리 케이스의 스위치가있는 부분에 양면테이프를 붙여줍니다

배터리
홀더   양면
테이프

2번에 배터리 케이스 조립

나무키트 2번에 배터리 홀더를 붙여줍니다.

조립 주의사항

나무키트 2번의 반대쪽에서 봤을 때 배터리 홀더의 스위치가 구멍을 통해 잘 보이도록 붙여줍니다.

2번 나무판의 구멍으로
배터리 홀더의 스위치가
보이도록 붙여줍니다

#2+#3   배터리 홀더

모터와 배터리 홀더 결선

나무 카트 1번에 조립한 근접센서 모터 모듈에 배터리홀더와 모터의 전선을 연결해 줍니다.

조립 주의사항

배터리 커넥터를 끼울 때 조금 빡빡 할 수 있으니 구멍에 잘 맞춰 힘을 주어 끼워주세요.

배터리 홀더	모듈배터리	모터	모듈배터리
빨간선	+	검은선	+
검은선	−	빨간선	−

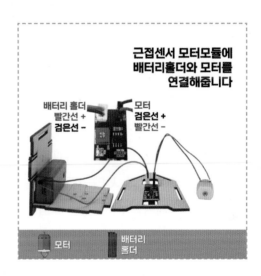

근접센서 모터모듈에
배터리홀더와 모터를
연결해줍니다

배터리 홀더
빨간선 +
검은선 −

모터
검은선 +
빨간선 −

모터   배터리 홀더

모터 조립 준비

나무키트 4번의 인쇄면에 양면테이프를 붙여줍니다.

조립 주의사항

모터를 고정하기 위한 양면 테이프이므로 나무키트 4번에 인쇄된 네모칸 안에 붙여주세요.

4번 나무의 모터 자리에
양면테이프를 붙여줍니다

#4   양면 테이프

4번 조립

그림과 같이 나무키트 4번을 나무키트 2번에 조립해 줍니다.

🚧 조립 주의사항

나무키트 4번의 버클을 나무키트 2번에 조립해 줍니다. 앞서 붙인 양면테이프가 위쪽을 향하도록 조립해 주세요.

2번에 4번을 조립해 줍니다

#4

5번 조립

나무키트 5번을 조립해 줍니다.

🚧 조립 주의사항

나무키트 5번의 좌우는 똑같아서 어느쪽을 끼워도 상관이 없지만 사다리꼴로 홈을 파 만든 다리가 아래쪽을 향하도록 조립해 주세요.

5번 나무 옆면을 조립해 줍니다

#5

1번 조립

모듈이 달려있는 나무키트 1번을 그림과 같이 앞면에 조립해 줍니다.

🚧 조립 주의사항

모듈의 센서부가 바깥쪽을 향하도록 조립해 줍니다. 앞서 조립한 모터가 위쪽 구멍에 잘 맞는지 확인해주시고 잘 안 맞으면 위치를 조정해주세요.

1번 나무 앞면을 조립해 줍니다

#1

프로펠러 조립

프로펠러를 모터에 조립해 줍니다.

🚩 조립 주의사항

모터가 양면테이프에 붙여져 있기 때문에 무리하게 힘을 주면 떨어질 수 있습니다. 모터를 한 손으로 잘 잡고 프로펠러를 조립해 주세요.

프로펠러를 모터에 조립해 줍니다

⅄ 프로펠러

6번 조립

나무키트 6번 지붕을 조립해 줍니다.

🚩 조립 주의사항

조립되는 위치는 왼쪽이든 오른쪽이든 상관없습니다.

6번 지붕을 조립해 줍니다

⊞ #6

7번 조립

반대쪽에 나무키트 7번 지붕을 조립해 줍니다.

🚩 조립 주의사항

나무키트 6번과 나무키트 7번의 윗부분을 잘 맞춰 조리해줍니다.

7번 지붕을 조립해 줍니다

⊞ #7

배선 정리

그림에 보이는 안쪽 공간에 모터와 배터리의 전선을 잘 정리해줍니다.

🚧 조립 주의사항

전선이 옆으로 튀어나와 나무끼리 조립할 때 나무 사이에 끼면 동작을 안할 수 있으니 주의해 주세요.

전선이 밖으로 나오지 않도록 안쪽 공간에 잘 정리해 줍니다

선 정리

8번 조립

전선이 잘 정리 되었다면 나무키트 8번을 뒷면에 조립해 줍니다.

🚧 조립 주의사항

나무키트 2번 3번 4번 6번 7번이 나무키트 8번의 홈에 잘 끼워지도록 위치를 조정해가며 조립해 줍니다.

8번 뒷면을 조립해줍니다

#8

인공지능 선풍기 완성!

인공지능 선풍기가 완성되었습니다.

인공지능 선풍기 완!성!

도전! 나도 디자이너

✅ 선풍기를 좀 더 예쁘게 꾸며볼까요?

- 색종이: 색종이를 이용해서 선풍기 날개의 끝부분이나 기둥 부분에 붙일 수 있는 다양한 형태와 패턴을 만들어 봅시다. 시원해보이려면 어떤 디자인이 좋을까요?
- 스티커 & 색칠: 선풍기가 움직일 때 날개에 붙인 스티커나 색은 어떻게 보일까요? 상상하면서 꾸며봅시다.
- 그림: 선풍기 몸체에는 어떤 그림을 그려볼까요? 파도, 나무, 또는 작은 새들을 그려 선풍기에 자연의 느낌을 더해보세요.
- 글씨 넣기: 선풍기에 특별한 문구나 이름을 붙여보는 것은 어떨까요? "시원한 바람 집배원"나 "여름 천사"와 같은 문구를 선풍기 몸체나 기둥 부분에 붙여보세요.

✅ 세상에서 하나밖에 없는 나만의 선풍기

- 나의 선풍기에서 가장 공을 많이 들인 부분은 무엇인가요?

- 선풍기를 만들면서 아쉬웠던 점에는 무엇이 있나요?

- 선풍기를 만들면서 궁금했던 점이 있나요?

틴커리어! 미래 직업을 알려줘!

센서에 가까이 가면 선풍기가 작동하게 되는 놀라운 기술. 어떻게 가능할까요? 이 기술의 비밀은 근접 센서에 있습니다. 근접 센서는 물체가 가까이 다가올 때 이를 감지하는 센서로, 여러분이 선풍기 앞에 손이나 다른 물체를 가져가면 이를 감지하게 됩니다. 그렇다면 이 센서는 어떻게 물체가 접근했는지 감지하는 걸까요?

✅ 근접센서는 어떻게 작동하나요?

근접 센서는 발광소자와 수광소자로 구성되어 있습니다. 발광소자는 빛을 발산하고, 수광소자는 빛을 감지합니다. 이 센서는 적외선 뿐만 아니라 모든 종류의 빛을 인식할 수 있습니다. 센서가 빛을 발산하면, 그 빛은 물체에 반사되어 다시 센서로 돌아옵니다. 센서가 이 반사된 빛을 감지하면, 물체가 가까이 있다는 것을 알 수 있습니다.

💿 센서를 가리면 선풍기는 어떻게 작동하나요?

 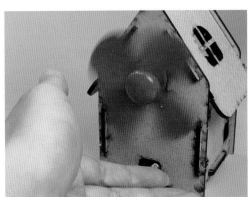

센서를 가리게 되면, 수광소자가 빛을 감지하지 못하게 됩니다. 이때, 센서는 '물체가 가까이 왔다'는 신호가 모터드라이브의 신호선에 들어오면 모터드라이브의 아웃풋에 전원이 인가되어 모터를 회전시킵니다. 적외선 센서의 신호를 받아 모터드라이브에서 선풍기를 작동시키도록 전원을 인가시킵니다. 이런 기술은 다양한 분야에서 사용되고 있습니다. 그래서 이런 것들에 관심이 있다면, 미래에는 다양한 직업을 선택할 수 있을 거에요.

💿 틴커리어의 직업추천

● 자동 문 열림 장치 설계자: 근접 센서를 활용하여 사람이나 물체가 다가올 때 자동으로 문을 열게 하는 장치를 설계하는 일을 합니다.

● 로봇 팔 엔지니어: 근접 센서를 사용하여 로봇 팔이 물체를 정확하게 잡거나 피하는 기능을 구현하는 일을 합니다.

● 주차 보조 시스템 개발자: 차량에 장착된 근접 센서를 활용하여 주차 시 물체와의 거리를 감지하고 운전자에게 알려주는 시스템을 개발하는 일을 합니다.

● 스마트 홈 장치 설계자: 근접 센서를 활용하여 집 안의 물체나 사람의 움직임을 감지하고, 조명, 에어컨 등의 가전제품을 자동으로 제어하는 장치를 설계하는 일을 합니다.

● 산업용 안전 시스템 전문가: 공장이나 작업장에서 근접 센서를 활용하여 위험한 물체나 장비와의 거리를 감지하고, 작업자에게 경고하는 안전 시스템을 관리하고 최적화하는 일을 합니다.

예제문제

1. 근접 센서는 물체가 가까이 다가오는 것을 감지하는 센서로, 선풍기 앞에 손이나 다른 물체를 가져가면 이를 감지할 수 없다.   (O/X)

2. 관련된 미래 직업과 하는 일이 바르게 연결되지 않은 것을 고르시오.

   ① 로봇 팔 엔지니어: 카페에서 커피를 만들어 주는 로봇을 만들었어.
   ② 주차 보조 시스템 개발자: 대형 트럭이 후진할 때 좀 더 안전하게 할 수 있도록 센서를 개선해야겠어.
   ③ 스마트 홈 장치 설계자: 공장에서 생산 효율을 높이기 위해 로봇을 추가했어.
   ④ 산업용 안전 시스템 전문가: 위험한 물건이 떨어지는 것을 감지해서 공장에 에어백을 설치했어.

목수 요셉
Joseph the Carpenter, 1642 by Georges de La Tour

출처: https://en.wikipedia.org/wiki/Joseph_the_Carpenter

이 그림은 조르주 드 라 투르의 '목수 요셉'이예요. 라 투르는 이 작품에서 목수가 어린 소년과 함께 나무를 가공하는 모습을 그렸습니다. 조용한 방 안에서 목수는 나무에 드릴로 구멍을 뚫고 있습니다. 그 드릴의 모양은 십자가를 연상시키며, 바닥에 놓인 나무 조각들의 배열은 앞으로 있을 무언가 불길한 일을 보여주는 것 같기도 해요.

조수인 어린 소년은 차분하게 앉아 있으며, 묵묵하게 촛불을 들고 목수를 돕고 있어요. 그림의 중심에는 강렬한 빛이 있고, 그 주변은 그림자로 표현한 이 그림. 강렬한 빛이 소년의 손을 통과하여 목수의 일을 돕고 있어요. 마치 소년의 순수함이 세상을 밝히고 있는것처럼 보이기도 하네요.

함께 생각해 볼까요?

- 그림 속에서 목수와 조수인 소년은 어떤 관계일 것 같나요?
- 빛과 그림자가 그림 속 분위기에 어떤 영향을 주고 있나요?
- 목수가 지금 만들고 있는 물건은 무엇일까요?

명화와 함께 읽는 이야기

요셉은 마을의 유명한 목수로, 그의 주된 일은 나무를 다루어 다양한 가구나 도구를 만드는 것이었습니다. 어느 날, 그는 마을 회장을 위해 특별한 작품을 기한 내에 완성해야 했는데, 저녁이 되면 어두워져서 작업을 계속하기가 어려웠습니다. 그는 불을 밝힐 방법을 찾아야 했는데, 주변에는 촛불이나 램프 같은 것이 없었습니다. 그의 양초도 다 떨어져 있었

기에 더욱 곤란한 상황이었습니다.

그 때, 마을의 소년이 요셉의 작업장을 찾아왔습니다. 소년은 요셉의 곤란한 상황을 듣고, 자신이 가지고 있는 특별한 발명품, '마법의 프로펠러'를 꺼내 보여주었습니다. 이 프로펠러는 비행기 모양을 하고 있었고, 프로펠러에 바람을 불면 촛불처럼 불이 켜지는 놀라운 기능을 가지고 있었습니다. 소년은 입으로 프로펠러에 '후후'하고 바람을 불었고, 그 즉시 밝은 불빛이 방 안을 환하게 밝혔습니다.

요셉은 이 밝은 빛 아래에서 작업을 계속하며, 기한 내에 작품을 완성할 수 있었습니다. 그는 소년과 그의 '마법의 프로펠러'에 감사의 마음을 담아 작품에 마무리의 정성을 다했습니다. 그 후로, 요셉은 그 소년과 그의 발명품을 잊지 못하게 되었고, 그들의 우정은 마을 사람들 사이에서 전해져 나가게 되었습니다.

그리고 요셉은 소년에게 물었습니다. 이 후후불면 빛이 나는 발명품을 무엇이라고 부르면 좋겠니? 그러자 소년이 답했어요.

"후후.... 비행기라고 부르면 어떨까요?"

후후비행기

학습목표

- 풍력발전 모듈과 LED를 통해 에너지 수집과 변환 알고리즘을 알아봅니다.
- 후후비행기를 만들기 위해서 필요한 부품을 알아 봅시다.
- 후후비행기를 나만의 멋진 디자인으로 완성해 봅시다.
- 자신과 다른 사람의 후후비행기를 함께 살펴보면 서 잘한점을 칭찬해 봅시다.

후후비행기
제품조립 유튜브

제품 구성품 안내

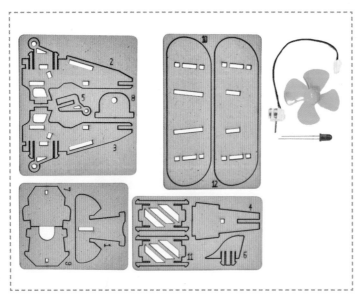

❶ 후후 비행기 나무키트 : 1개
❷ 풍력 발전 모듈   : 1개
❸ 프로펠러   : 1개
❹ LED   : 1개

▶ 조립 주의사항

✅ 버클형 부품 쉽게 끼우고 빼기

표쌤코딩 나무키트 버클형 부품 끼우고 빼기

영상으로 시청하세요.

https://youtu.be/dWGRB6TE9dY

1번, 2번, 3번 조립

나무키트 1번에 2번가 3번을 조립해 줍니다.

🚧 조립 주의사항

조립 설명의 편의를 위해 비행기가 그림처럼 바로 서 있는 모습을 "비행기 방향 : 위"로, 반대로 뒤집어진 모습을 "비행기 방향 : 아래"로 표기합니다.

비행기 방향 : 위

위 그림과 같이 비행기가 바로 서 있을 때 비행기 방향을 '위'로 표시합니다.

조립 특성상 위와 아래를 왔다갔다 하기 때문에 오른쪽 상단의 비행기 방향을 참고하시면 조립에 도움이 됩니다.

#1   #2   #3

4번 조립

비행기를 뒤집어 4번을 조립해 줍니다.

🚧 조립 주의사항

조립시 화살표 방향대로 비행기 머리 부분에서 꼬리 방향으로 부품을 끼워 넣으면 조립이 수월합니다.

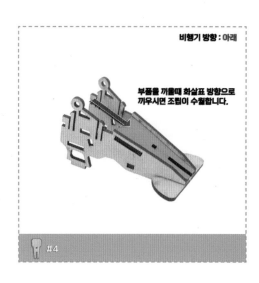

비행기 방향 : 아래

부품을 끼울때 화살표 방향으로 끼우시면 조립이 수월합니다.

#4

5번 조립

뒷 바퀴가 되는 나무키트 5번을 조립해 줍니다.

🚧 조립 주의사항

그림을 참고해 화살표 방향으로 밀어 넣어주세요.

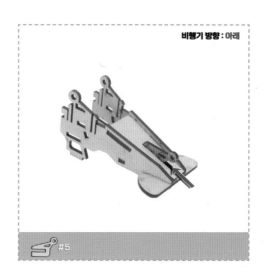

비행기 방향 : 아래

#5

6번 조립

다시 비행기를 뒤집어 꼬리날개인 나무키트 6번을 조립해 줍니다.

🚧 조립 주의사항

그림과 같이 버클이 아래로 향했을 때 높은 부분이 뒤쪽을 향하도록 조립해 줍니다.

비행기 방향 : 위

#6

7번 조립

프로펠러를 고정할 나무키트 7번을 조립해 줍니다.

🚧 조립 주의사항

먼저 조립한 비행기 꼬리 부분이 빠지지 않게 주의해서 앞부분에 넣어줍니다.

비행기 방향 : 위

#7

8번 조립

LED를 고정시켜줄 나무키트 8번을 조립해 줍니다.

조립 주의사항

비행기 바퀴쪽에서 위쪽을 향해 넣어주셔야 다른 부품들이 빠지지 않고 조립할 수 있습니다. 앞서 조립한 부품들이 빠지지 않게 주의해서 조립해 줍니다.

비행기 방향 : 위

#8

풍력 발전 모듈 조립

비행기를 뒤집어 풍력 발전 모듈에 튀어나온 고정부를 7번에 뚫린 구멍에 끼워 올려줍니다. 나와있는 전선을 8번 너머로 선을 빼 줍니다.

조립 주의사항

풍력 발전 모듈이 7번에 완전히 고정된게 아니라 얹여 놓은 느낌이므로 조립시 돌아다니지 않도록 주의해 줍니다.

비행기 방향 : 아래

풍력발전모듈
+ LED

9번 조립

나무키트 9번을 조립해 줍니다.

조립 주의사항

먼저 풍력 발전 모듈의 돌기 부분을 9번에 뚫린 구멍에 맞춰 7번과 9번 사이에 풍력 발전 모듈을 끼운채 손으로 잡아주고 반대쪽 튀어나온 부분을 2번과 3번에 뚫린 끼워 넣어줍니다.

비행기 방향 : 아래

#9

10번 조립

아래쪽 날개인 나무키트 10번을 끼워 고정해 줍니다.

🚧 조립 주의사항

나무키트 10번이 끼워져야 나머지 부품들이 어느정도 고정되게 됩니다. 뚫려있는 구멍들이 좁아지는 방향이 꼬리쪽을 향하도록 위치하고 조립해 줍니다.

비행기 방향 : 아래

#10

LED 조립

다시 뒤집어 LED를 8번 키트에 뚫린 구멍에 끼워줍니다.

🚧 조립 주의사항

이때 길게 나온 전선이 돌아다니거나 튀어 나오지 않도록 비행기 꼬리 부분의 공간으로 잘 정리해 넣어주면 조립이 수월해 집니다.
LED의 방향을 다시 한번 확인해 줍니다.
(LED 긴다리 ⇒ 풍력 발전 모듈의 빨간선)

비행기 방향 : 위

풍력 발전 코일의 전선들을 꼬리 날개 안쪽 공간으로 잘 정리하고 LED를 8번에 끼워 넣어 줍니다.

풍력발전모듈 + LED   #8

11번 조립

양쪽 날개 받침임 나무키트 11번을 조립해 줍니다.

🚧 조립 주의사항

방향은 상관 없으나 나무 재단시 발생한 그을음이 안쪽을 향하도록 조립해 주시면 완성도를 높이실 수 있습니다.

비행기 방향 : 위

#11 x2

12번 조립

맨 위에 나무키트 12번을 조립해 줍니다.

🔺 조립 주의사항

11번의 버클형 걸쇠가 부러지기 쉬우므로 주의해서 조립해 줍니다.

비행기 방향 : 위

#12

프로펠러 조립

마지막으로 프로펠러를 풍력발전 모듈에 끼워 줍니다.

🔺 조립 주의사항

프로펠러를 끼울때 너무 세게 누르면 풍력발전 모듈이 빠질 수 있으니 7번과 9번을 한쪽 손 엄지와 검지로 꼭 잡고 프로펠러를 조심히 끼워주세요.

비행기 방향 : 위

프로펠러

후후 비행기 완!성!

후후 비행기가 완성되었습니다!
프로펠러를 향해 바람을 불어 LED를 밝혀보세요.

멋지게 꾸며 보아요!

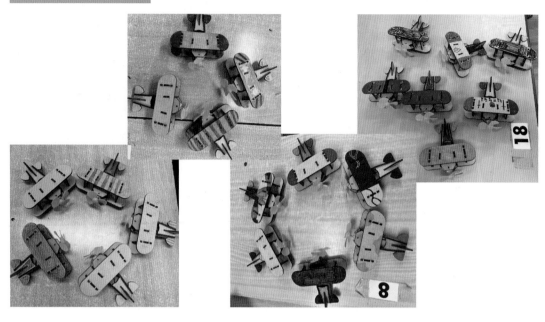

MEMO

도전! 나도 디자이너

✅ 후후비행기를 좀 더 예쁘게 꾸며볼까요?

- 셀로판지: 셀로판지를 LED에 붙여서 좀 더 예쁜 색이 나게 해볼까요? 프로펠러를 돌릴 때마다 친구들끼리 서로 다른 색이 난다면 얼마나 예쁠까요?

- 스티커 & 색칠: 비행기 날개에 붙일 스티커나 색은 무엇이 좋을까요? 혹시 야광 스티커를 가지고 온 친구도 있나요?

- 그림: 후후비행기는 불이 없는 상황에서 우리에게 도움을 줄 수 있겠네요. 그것을 알리기 위해서 날개에 무언가를 그려볼까요?

✅ 세상에서 하나밖에 없는 나만의 후후비행기

- 후후비행기에서 가장 공을 많이 들인 부분은 무엇인가요?

- 후후비행기를 만들면서 아쉬웠던 점에는 무엇이 있나요?

- 후후비행기를 만들면서 궁금했던 점이 있나요?

틴커리어! 미래 직업을 알려줘!

풍력을 이용하여 전기를 발생시키는 놀라운 기술, 그 원리는 무엇일까요? 이 기술의 핵심은 풍력발전 모듈에 있습니다. 풍력발전 모듈은 바람의 에너지를 전기 에너지로 변환하는 장치로, 바람이 프로펠러를 돌리면 이를 감지하여 전기를 발생시킵니다. 그렇다면 이 모듈은 어떻게 바람의 에너지를 전기로 변환하는 걸까요?

🔽 풍력발전 모듈은 어떻게 작동하나요?

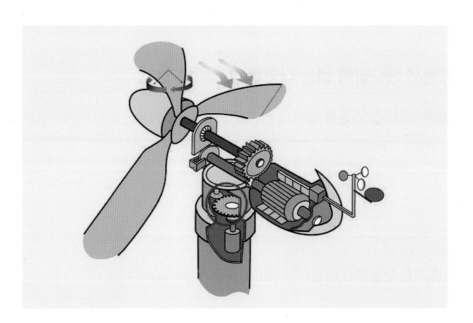

풍력발전 모듈의 주요 구성 요소는 풍력 터빈입니다. 터빈은 바람에 의해 회전하며, 이 회전 운동은 발전기 내부의 자석과 코일 사이에서 전기를 발생시키는 원리를 이용합니다. 바람이 터빈을 돌리면, 발전기 내부에서 자석이 회전하게 되고, 이로 인해 코일 주변에서 전기가 발생하게 됩니다.

쉽게 생각해 보면, 전기를 사용하면 가만히 있는 프로펠러가 돌지요? 거꾸로 가만히 있는 프로펠러를 내가 손으로 돌리면 전기가 생겨나기도 한답니다.

✅ 후후비행기의 프로펠러가 돌아가면 어떻게 LED가 켜지나요?

프로펠러가 바람에 의해 돌아가면, 풍력발전 모듈이 전기를 발생시킵니다. 이 발생된 전기는 후후비행기 내부의 회로를 통해 LED로 전달되며, 이로 인해 LED가 밝아집니다. 이러한 원리를 이용하면, 바람의 에너지만으로도 다양한 전자 기기를 작동시킬 수 있습니다. 이런 기술은 지속 가능한 에너지 소스를 활용하는 미래의 기술 중 하나로, 관심을 가지고 연구한다면 미래에는 더욱 발전된 기술을 만들어낼 수 있을 것입니다.

✅ 틴커리어의 직업추천

- 풍력 발전 연구원: 풍력 발전의 새로운 기술이나 방법을 연구하는 전문가로, 지속적인 효율 향상과 혁신적인 방법을 탐구합니다.
- 풍력 발전 시스템 엔지니어: 풍력 발전기의 전체 시스템을 관리하고 최적화하고, 부품과 시스템의 안정성을 유지하면서 전력을 최대한 많이 생산하게 합니다.
- 풍력 발전 터빈 설계자: 풍력 발전기의 핵심 부품인 터빈을 설계하는 전문가로, 높은 물리학 지식과 섬세한 설계 능력을 활용하여 멋진 터빈을 만듭니다.
- 풍력 발전 안전 전문가: 풍력 발전기의 안전을 관리하고 위험 요소를 최소화하는 전문가로, 발전기의 설치, 운영, 유지 보수 과정에서 발생할 수 있는 사고 상황을 미리 파악하여 예방합니다.

MEMO

예제문제

1. 빈칸에 들어갈 말을 적으시오.

> 풍력발전 모듈의 주요 구성 요소는 ○○○○이다. ○○○○은 바람에 의해 회전하며, 이 회전 운동은 발전기 내부의 자석과 코일 사이에 전기를 발생시키는 원리를 이용합니다.

① 풍력터빈　　　　　　　　② 전기모터

③ 초음파센서　　　　　　　④ 테슬라코일

2. 관련된 미래 직업과 하는 일이 바르게 연결되지 않은 것을 고르시오.

① 풍력 발전 연구원: 풍력 발전이 좀 더 많은 전기를 생상하게 하고 싶어.

② 풍력 발전 시스템 엔지니어: 발전 모듈과 전기 전송 모듈간의 연결을 신경써야 할 것 같군.

③ 풍력 발전 터빈 설계자: 풍력 터빈의 성능을 개선하기 위해서 날개의 디자인을 개선했어.

④ 풍력 발전 안전 전문가: 풍력 발전으로 생산되는 전기 양을 늘리기 위해 생산 전압을 높였어.

전기자동차

마차 경주
The Chariot Race, Alexander von Wagner

출처: https://artuk.org/discover/artworks/the-chariot-race-206325

  이 그림은 알렉산더 폰 와그너의 '마차 경주'입니다. 그림은 로마의 대표적인 스타디움인 '서커스'에서 열린 차량 경주를 생생하게 묘사하고 있어요. 고대 로마에서는 기계적인 엔진 대신 말이 차를 끌었죠. 이 작품은 그 시대의 스릴 넘치는 경주를 아주 현실감 있게 그려내었습니다.

  말들은 그림 속에서 마치 날아오르는 듯한 느낌을 줍니다. 실제로 몇몇 말들은 모든 네 발이 동시에 땅에서 떨어져 있는 모습을 보이기도 해요. 전경에는 넓은 경주로와 두 대의 주요 차량이 1, 2등을 다투는 모습이 그려져 있습니다. 그 뒤로는 먼지 구름 속에 다른 경쟁자들의 혼란스러운 모습과 넘어진 말의 모습도 포착됩니다.

  관중석에는 열광하는 관객들의 모습이 그려져 있어요. 그들의 표정과 몸짓에서 경기에 대한 열정과 긴장감을 느낄 수 있습니다. 그림을 보는 우리는 마치 그 현장에 함께 있는 듯한 느낌을 받게 됩니다.

함께 생각해 볼까요?

- 마차 경주에서 각 마차 기사들은 어떤 전략을 사용하고 있을까요?
- 그림 속의 관객들의 반응을 볼 때, 경기는 시작한지 얼마나 되었을까요?
- 넘어진 말과 그 주변의 상황을 통해 어떤 이야기를 상상할 수 있을까요?

 ## 명화와 함께 읽는 이야기

로마의 한 경기장에서, 루카스는 항상 마차 경주에서 패배하곤 했습니다. 그의 마차는 다른 경쟁자들보다 느렸기 때문이죠. 그는 승리의 기쁨을 느끼고 싶었지만, 그의 말과 마차는 항상 그의 소망을 이루어주지 못했습니다.

그러던 어느 날, 루카스는 마을의 시장에서 한 상인으로부터 '마법의 상자'를 구입하게 됩니다. 그 상자는 전기를 충전할 수 있는 특별한 장치였고, 마차에 연결하면 마차를 전기로 움직일 수 있게 해주는 기술이 담겨 있었습니다. 루카스는 그 기술을 이용하여 그의 마차를 전기 마차로 변신시켰습니다.

처음에는 다른 경쟁자들은 그의 전기 마차를 무시했습니다. 하지만 경기가 시작되자, 루카스의 마차는 놀라운 속도로 전진하기 시작했고, 다른 경쟁자들을 뒤로 하고 달려갔습니다. 그러나 전기 마차의 단점은 바로 충전이 필요하다는 것이었습니다. 경기 도중, 루카스의 마차는 전력이 부족해져서 멈춰버렸습니다.

그의 마차가 멈춘 순간, 다른 경쟁자들은 그를 앞질러 달려갔습니다. 그러나 루카스는 포기하지 않았습니다. 그는 마법의 상자를 빠르게 충전하고, 마지막 스퍼트를 준비했습니다. 충전이 끝나자, 그는 마차를 최고의 속도로 몰아 다시 도전자가 되어 앞질러 나간 다른 기사들을 바짝 쫓았습니다.

루카스가 이겼을까요? 루카스의 마지막 인터뷰를 함께 들어보시죠.

"이것은 미래의 마차, 전기 마차입니다."

전기자동차

학습목표

- 충전식 전기자동차 알고리즘을 설계해 봅시다.
- 충전식 전기자동차를 만들기 위해서 필요한 부품을 알아봅시다.
- 전기자동차를 나만의 멋진 디자인으로 완성해 봅시다.
- 자신과 다른 사람의 전기자동차를 함께 살펴보면서 잘한점을 칭찬해 봅시다.

전기자동차
제품조립 유튜브

▶ 제품 구성품 안내

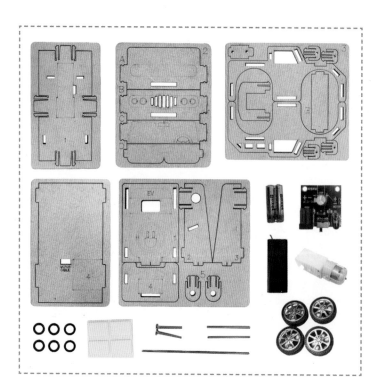

❶ 전기자동차 나무키트 : 1개
❷ DC 모터 : 1개
❸ 충전 모듈 : 1개
❹ 100mm 샤프트 : 1개
❺ 40mm 샤프트 : 2개
❻ 바퀴 : 4개
❼ 나사 : 2개
❽ 고무링 : 6개
❾ AAA 배터리 케이스 : 1개
❿ AAA 배터리 : 2개
⓫ 양면테이프 : 6개

▶ 조립 주의사항

✓ 버클형 부품 쉽게 끼우고 빼기

표쌤코딩 나무키트 버클형 부품 끼우고 빼기

영상으로 시청하세요.

https://youtu.be/dWGRB6TE9dY

모터 고정핀 조립

나무키트 3-1번 "모터핀"을 긴 나사 2개를 이용해 그림과 같이 모터와 결합해 주세요.

🔺 조립 주의사항

나사는 모터 반대쪽에서 모터를 통과해 나무에 결합하는 형태 입니다.

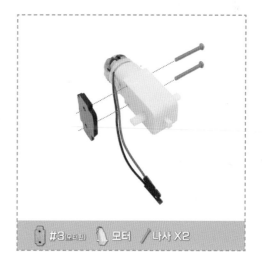

🔲 #3(모터핀) 🔲 모터 ╱ 나사 X2

1번에 모터 조립

나무키트 1번에 앞서 조립한 모터핀이 끼워지도록 DC모터를 조립해주세요.

🔺 조립 주의사항

DC모터의 방향을 잘 확인해주세요.
모터핀은 단단히 고정되지 않고 얹혀지기만 합니다

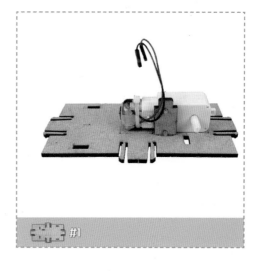

#1

ㄷ자형 모터 고정틀 조립

모터를 1번 나무에 올리고 나무키트 3-2번
"ㄷ 자형모터 고정틀"로 고정시켜주세요!

🚧 조립 주의사항

DC모터가 흔들리지 않게 잘 고정시켜주세요!

앞바퀴 고정틀 조립

앞바퀴를 고정시킬 수 있는 나무키트 3-3번
"바퀴 고정틀"을 조립해주세요!

🚧 조립 주의사항

바퀴 고정틀은 3번에 있습니다.

2-B조립

나무키트 나무키트 2-B번을 끼워줍니다.

🚧 조립 주의사항

나무키트가 부러지지 않도록 주의해주세요!

2-A조립

나무키트 1번의 반대쪽에 나무키트 2-A번을
조립합니다.

🚧 조립 주의사항

나무키트가 부러지지 않도록 주의해주세요!

#2-A

3번 옆면 조립

자동차를 정면에서 바라봤을때 오른쪽면에
나무키트 3-4번을 조립합니다.

🚧 조립 주의사항

옆면은 양쪽의 모양이 다릅니다.
먼저 조립하는 좌측면은 트렁크쪽에 구조물
모양의 홈이 파져 있습니다.

#3-4

3-E조립

나무키트 3-E를 끼워줍니다.

🚧 조립 주의사항

앞서 끼워 넣었던 자동차 옆면의 홈에 잘 맞춰
고정시켜주세요!
나무키트 3-E는 3번 판에 있습니다.

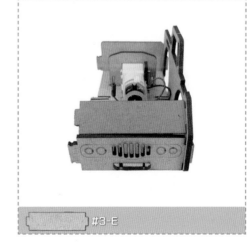

#3-E

4번 조립

나무키트 4번을 자동차 중간에 끼워줍니다.

🚧 조립 주의사항

DC모터 선을 MOTER CABLE이라고 적힌 네
모구멍에 넣어 빼주세요!

#4

2-C조립

핸들이 그려진 나무키트 2-C를 조립해주세요.

🚧 조립 주의사항

그림이 바깥을 보도록 조립해 주세요.

#2-C

2-D조립

나무키트 2-D번을 조립해 주세요.

🚧 조립 주의사항

넓이를 확인하고 맞춰서 홈에 잘 맞게 끼워주
세요!

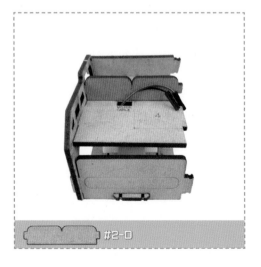

#2-D

고무링으로 고정

나무키트 3-4번에 끼워진 나무키트 2-A,
2-B, 2-C번에 고무링 3개를 끼워 고정해줍니다.

🚧 조립 주의사항

나무키트 2-A, 2-B, 2-C번의 끝쪽에 작은
홈이 있습니다. 홈에 고무링이 걸리도록 끼워
주세요.

고무링 x3

3-5번 조립

나무키트 3-5번 좌측면을 각각의 홈에 맞게
끼워 조립해 주세요.

🚧 조립 주의사항

하단 버클부분을 먼저 끼우고 나머지를 끼우
면 편합니다.

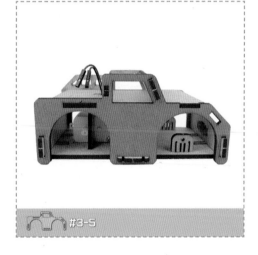

#3-5

고무링으로 고정

나무키트 3-5번에 끼워진 나무키트 2-A,
2-B, 2-C번에 나머지 고무링을 끼워 단단히
고정해주세요.

🚧 조립 주의사항

나무키트 2-A, 2-B, 2-C번의 끝쪽에 작은
홈이 있습니다. 홈에 고무링이 걸리도록 끼워
주세요.

고무링 x3

전기충전모듈 조립

충전 모듈에 양면테이프 3겹 겹쳐 붙이고 그림과 같이 붙여줍니다. 충전모듈의 "MOTOR"라고 쓰여진 소켓에 모터선을 꽂아줍니다.

🚧 조립 주의사항

충전모듈	DC모터
+	검정색
−	빨간색

바퀴에 구동축 조립

100mm 샤프트와 40mm 샤프트에 각각 바퀴를 하나씩 끼워줍니다.

🚧 조립 주의사항

짧은 샤프트가 40mm 긴 샤프트가 100mm 입니다. 100mm샤프트에는 바퀴를 하나만 꽂아주세요.

앞바퀴 조립

100mm 샤프트가 끼워진 앞바퀴를 먼저 앞바퀴 고정축 구멍에 끼우고 남은 바퀴를 반대쪽 샤프트에 끼워 완성합니다.

🚧 조립 주의사항

무리한 힘을 주면 샤프트가 휘거나 바퀴를 뚫고나와 손을 다칠 수 있으니 주의하세요.

뒷바퀴 조립

바퀴가 조립된 40mm 샤프트를 모터 양쪽에 끼워줍니다.

⚠️ 조립 주의사항

무리한 힘을 주면 샤프트가 휘거나 샤프트가 바퀴를 뚫고나와 손을 다칠 수 있으니 주의하세요.

바퀴를 조립한 40mm 샤프트를 모터 양 끝단에 있는 구멍에 끼워 뒷바퀴 두개를 완성해 줍니다

뒷바퀴 + 샤프트(40mm) x2

자동차 완성

전기자동차 완성!

전기 자동차 완성

✅ 전기충전소 만들기

1번에 2번 조립

나무키트 1번에 2번을 끼워주세요!

🚧 조립 주의사항

위쪽에 있는 버클형을 먼저 끼우고 아래를 끼우면 수월합니다.

3번 조립

나무키트 1번의 반대쪽에 2번과 같이 3번을 끼워주세요!

🚧 조립 주의사항

위쪽에 있는 버클형을 먼저 끼우고 아래를 끼우면 수월합니다.

4번에 조립

나무키트 4번을 바닥면에 놓고 앞서 조립한 윗부분을 꽂아주세요.

🚧 조립 주의사항

조립부위가 조금 빡빡할 수 있습니다. 모양을 잘 맞춰 위에서 아래로 꾹! 눌러 주세요.

5번 조립

나무키트 2번에 5번을 꽂아 주세요.

🔺 조립 주의사항

조금 작은 부품들은 파손의 우려가 있으니 조심해서 조립해주세요.

👆 충전기 거치대

배터리 넣기

배터리 방향을 잘 맞춰서 배터리 케이스에 배터리를 넣어주세요!

🔺 조립 주의사항

배터리 스위치는 OFF로 해주세요!

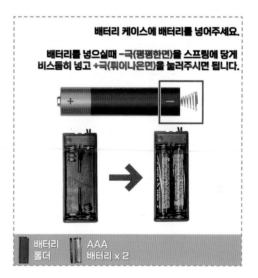

배터리 케이스에 배터리를 넣어주세요.

배터리를 넣으실때 -극(평평한면)을 스프링에 닿게 비스듬히 넣고 +극(튀어나온면)을 눌러주시면 됩니다.

배터리 홀더 　 AAA 배터리 x 2

배터리 케이스 조립

배터리 케이스에 양면테이프를 붙이고 스위치가 전면부에 뚫린 구멍에서 보이도록 붙여주세요. 충전선은 나무키트 2번의 구멍으로 빼내서 거치대에 꽂아주세요!

🔺 조립 주의사항

사용하지 않을 때는 배터리 스위치를 OFF로 해주세요.

배터리 케이스의 충전선을 #2의 구멍으로 빼서 거치대에 꽂아줍니다.

배터리 케이스 　 양면 테이프

충전소 완성

전기 충전소 완성!

전기 충전소 완성

충전소와 충전모듈 연결

충전기를 충전모듈에 연결해줍니다.

충전소 전원 켜기

충전소의 전원을 'ON'으로 변경!

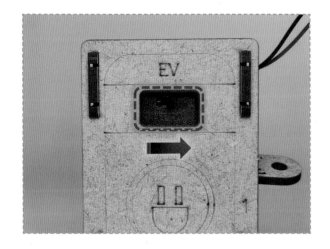

LED로 충전량 확인

충전이 되는 동안 LED가 서서히 밝
아집니다.
완전히 밝아지면 충전 완료!

작동시키기

충전모듈 연결을 해제하고, 충전모
듈의 전원을 'ON'으로 바꿔주면 자
동차가 달립니다!

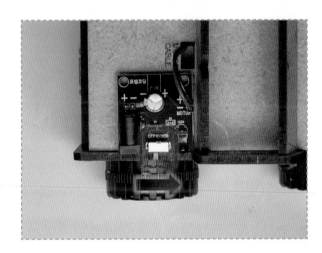

멋지게 꾸며 보아요!

도전! 나도 디자이너

✅ 전기자동차를 좀 더 예쁘게 꾸며볼까요?

- 경주 모드: 레이싱 경기에서 이기려면 기선제압이 중요하겠지요? '내가 가장 빠른 자동차다' 라는 것을 나타내려면 차체를 어떻게 디자인하면 좋을까요?

- 충전소: 전기자동차의 충전소는 첫째도, 둘째도 안전이겠지요? 안전하게 전기자동차가 충전소로 들어오게 하려면 어떻게 디자인해야 할까요?

- 우리 가족을 위한 전기자동차: 경주 말고도 부모님을 모시고 멋진 전기자동차를 타고 어디론가 떠나고 싶지 않나요? 그렇다면 자동차를 경주모드와 다르게 어떻게 설계하면 좋을까요?

✅ 세상에서 하나밖에 없는 나만의 전기자동차

- 전기자동차에서 가장 공을 많이 들인 부분은 무엇인가요?

- 전기자동차를 만들면서 아쉬웠던 점에는 무엇이 있나요?

- 전기자동차를 만들면서 궁금했던 점이 있나요?

틴커리어! 미래 직업을 알려줘!

✅ 전기자동차의 충전소는 어떻게 작동하나요?

전기자동차의 주요 구성 요소는 전기 모터와 축전지입니다. 축전지는 전기 에너지를 저장하며, 이 에너지는 모터를 구동시키는 데 사용됩니다. 모터는 전기 에너지를 기계적 에너지로 변환하여 바퀴를 회전시키게 됩니다. 이렇게 전기자동차는 축전지의 전기를 사용하여 움직이게 됩니다.

✅ 전기자동차의 충전소는 어떻게 작동하나요?

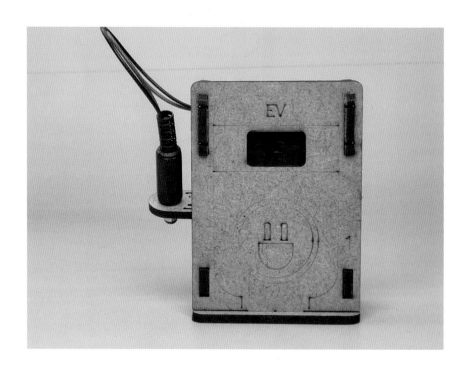

전기자동차의 충전소는 전기자동차의 축전지를 충전하기 위한 시설입니다. 이 충전소는 전기를 공급하여 자동차의 축전지에 저장하는 원리로 작동합니다. 그렇다면 이 충전소는 어떻게 전기를 자동차의 축전지에 공급하는 걸까요?

- 충전 커넥터 연결: 우선, 전기자동차의 충전 포트에 충전소의 충전 커넥터를 연결합니다. 다양한 종류의 충전 커넥터가 있으며, 자동차의 모델과 호환되는 타입을 사용해야 합니다.
- 충전 방식 선택: 대부분의 충전소는 빠른 충전과 일반 충전 두 가지 방식을 제공합니다. 빠른 충전은 짧은 시간 동안 배터리를 대략 80% 정도까지 빠르게 충전할 수 있습니다. 일반 충전은 더 오랜 시간이 걸리지만, 배터리를 100%까지 충전할 수 있습니다.

- 전기 공급: 충전 커넥터가 연결되고 충전 방식이 선택되면, 충전소는 안전하게 전기를 자동차의 배터리로 공급하기 시작합니다. 이 과정에서는 변압기, 인버터 및 다양한 안전 장치가 사용되어, 안전하게 고전압의 전기를 배터리에 전달합니다.
- 충전 상태 확인: 대부분의 전기자동차와 충전소는 충전 상태를 실시간으로 확인할 수 있는 디스플레이나 앱을 제공합니다. 이를 통해 사용자는 충전 진행 상황과 예상 완료 시간을 확인할 수 있습니다.
- 충전 완료: 배터리가 충전되면, 충전소는 자동으로 전기 공급을 중단합니다. 이후 사용자는 충전 커넥터를 안전하게 분리하고, 자동차를 운행할 준비를 합니다.

전기자동차의 충전소는 지속적으로 발전하고 있으며, 더 빠르고 효율적인 충전 방법을 연구하고 개발하는 기술자들이 있습니다. 이러한 기술의 발전으로 전기자동차의 사용이 더욱 편리해지고, 환경 친화적인 교통 수단으로서의 역할을 강화하고 있습니다.

✅ 틴커리어의 직업추천

- 전기자동차 시스템 엔지니어: 전기자동차의 배터리, 모터, 제어 등 전체 시스템을 관리하고 최적화하는 일을 합니다.
- 전기자동차 연구원: 전기자동차에도 아직 개선되어야 할 부품들이 많습니다. 그런 새로운 기술이나 방법을 연구하는 일을 합니다.
- 전기자동차 배터리 전문가: 전기자동차의 핵심 부품인 배터리를 연구하고 개발하는 일을 합니다.
- 전기자동차 안전 전문가: 전기자동차의 안전을 관리하고, 위험 요소를 최소화하는 일을 합니다.

예제문제

1. A, B 에 들어갈 말을 아래 보기 에서 찾아 적으시오.

> 전기자동차의 주요 구성 요소는 ○○ 와 □□□ 입니다. ○○는 전기 에너지를 이용하여, 자동차가 이동할 갈 수 있도록 합니다. □□□ 는 전기 에너지를 운동 에너지로 변환하여 바퀴를 회전시킵니다.

> 보기
>
> 모터, LED, 버튼, 축전지, 태양광 패널, LCD

2. 관련된 미래 직업과 하는 일이 바르게 연결되지 않은 것을 고르시오.

① 전기자동차 시스템 엔지니어: 전기자동차가 운행 중에 어떤 일이 일어나는지 연구했어.

② 전기자동차 연구원: 전기자동차의 주요 연료인 휘발유를 어떻게 생산할 수 있는지 연구했어.

③ 전기자동차 배터리 전문가: 전기자동차의 배터리 효율을 높이기 위해 연구했어.

④ 전기자동차 안전 전문가: 전기자동차는 화재가 발생했을 때 더 위험해. 이를 방지하는 연구를 하고 있어.

아크릴램프

샤르트르 대성당의 북쪽 장미창
The north rose window of the Chartres Cathedral (Chartres, France)

출처: https://en.wikipedia.org/wiki/Stained_glass

이 작품은 스테인드 글라스, 즉 유리에 색을 입힌 예술입니다. 스테인드 글라스는 천년의 역사를 가진 예술로, 주로 교회나 다른 종교적 건물의 창문에 사용되어 왔어요. 현대의 예술가들은 이를 활용해 3차원 구조물이나 조각품도 만들어내고 있죠.

스테인드 글라스 예술은 디자인을 구상하고, 그것을 현실화하는 예술적 능력과 공학적 기술이 필요합니다. 큰 창문은 바람과 비를 견디어야 하며, 그 자체의 무게도 지탱해야 합니다. 많은 작품들이 중세 후반부터 현재까지 대부분 그대로 보존되어 왔습니다. 그림은 추상적일수도 있고, 구체적으로 무언가를 나타낼 수도 있습니다.

성경, 역사, 문학에서 가져온 이야기를 표현할 수도 있고, 상징적인 마크나 문양을 사용하기도 합니다. 예를 들어, 교회에서는 그리스도의 생애의 에피소드, 의회 건물에서는 지역의 문장, 대학의 홀에서는 예술과 과학을 나타내는 인물, 집에서는 식물, 동물, 풍경 등을 표현할 수 있습니다.

함께 생각해 볼까요?

- 스테인드글라스를 통해 들어오는 빛은 내부의 분위기에 어떤 영향을 미칠까요?
- 스테인드글라스 창문의 색상과 무늬는 그 건물의 주제나 목적과 어떤 관련이 있을까요?
- 여러분은 어떤 스테인드글라스를 만들고 싶나요?

 명화와 함께 읽는 이야기

로렌초는 중세 유럽의 작은 마을에서 가장 유명한 스테인드 글라스 예술가였습니다. 그의 작품은 교회나 귀족의 저택에서 자주 볼 수 있었고, 그의 기술은 다른 예술가들에게도 널리 알려져 있었습니다. 그러나 로렌초는 항상 무언가 새로운 것을 창조하고자 하는 욕구에 불타고 있었습니다.

어느 날, 그는 깊은 숲 속에서 특별한 원석을 발견하게 됩니다. 그 원석은 햇빛을 받으면 스스로 빛을 내는 놀라운 특성을 가지고 있었습니다. 로렌초는 이 원석을 사용하여 스스로 빛을 내는 스테인드 글라스를 만들기로 결심했습니다.

그는 수개월 동안 연구하며, 원석을 유리에 녹여 스테인드 글라스에 통합시켰습니다. 완성된 작품은 놀랍게도 어두운 공간에서도 스스로 빛을 내어 주변을 환하게 밝혔습니다. 이 놀라운 작품은 마을 사람들에게 큰 감동을 주었고, 로렌초의 명성은 더욱 높아졌습니다.

수 많은 사람이 로렌초에게 스스로 빛을 내는 스테인드 글라스의 비밀을 물어보았지만 로렌초는 아무에게도 가르쳐주지 않았습니다. 그리고 로렌초가 은퇴하던 날 조용히 자신을 열심히 돕던 소년 조수에게 귀뜸해주었지요.

"전기가 통하면 빛을 내는 물건이 있단다. 미래 사람들은 그것을 LED라고 불러…"

따라 해보기 # 아크릴램프

학습목표

- 아크릴램프를 사용하여 빛이 서로 다른 매질(공기와 아크릴)에서 어떻게 굴절되는지 관찰해 봅시다.
- 아크릴램프를 만들기 위해서 필요한 부품을 알아봅시다.
- 아크릴램프를 나만의 멋진 디자인으로 완성해 봅시다.
- 자신과 다른 사람의 아크릴램프를 함께 살펴보면서 잘한점을 칭찬해 봅시다.

아크릴램프
제품조립 유튜브

▶ 제품 구성품 안내

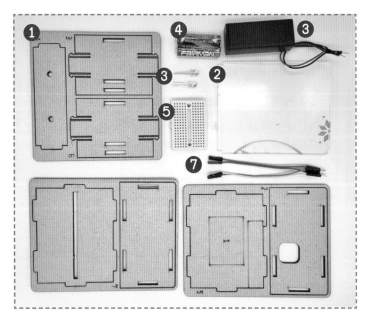

❶ 아크릴 램프 나무키트 : 1개
❷ 아크릴   : 1개
❸ AAA배터리   : 2개
❹ 배터리 홀더   : 1개
❺ 브래드 보드   : 1개
❻ LED   : 2개
❼ MF점퍼 케이블   : 5개
❽ 양면테이프   : 2개

▶ 조립 주의사항

✔ 버클형 부품 쉽게 끼우고 빼기

표쌤코딩 나무키트 버클형 부품 끼우고 빼기

영상으로 시청하세요.

https://youtu.be/dWGRB6TE9dY

배터리 넣기

배터리 케이스의 뚜껑을 열고 배터리를 넣어줍니다.
전원은 항상 꺼주세요(OFF)

🚧 조립 주의사항

배터리는 +극과 −극이 있습니다.
튀어나온 부분은 +극
평평한 부분은 −극
배터리를 넣을때 왼쪽 그림을 참고하시고 극성에 유의해서 넣어주세요.

배터리 케이스에 배터리를 넣어주세요.

배터리를 넣으실때 −극(평평한면)을 스프링에 당게
비스틀히 넣고 +극(튀어나온면)을 눌러주시면 됩니다.

배터리
홀더   AAA
배터리 x 2

LED 결선

M/F 점퍼 케이블에 LED를 끼워 줍니다.
같은 방식으로 2개를 준비해 주세요.

🚧 조립 주의사항

점퍼 케이블의 색은 **전류의 방향에 영향을 주지 않습니다.** 다만 어느색 선에 +극을 끼워주었는지 잘 기억해서 다음 조립시 극성을 맞춰 조립할 수 있도록 해 주세요.

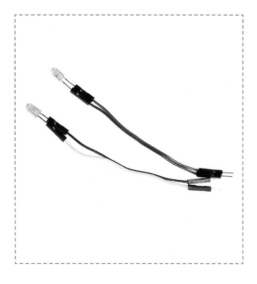

브레드보드 이해하기

브레드보드의 구멍들은 모두 짝이 있어요.
누가누가 짝꿍인지 잘 기억해둡시다.

🚧 조립 주의사항

가운데를 중심으로 왼쪽과 오른쪽이 분리된 구
조 입니다.

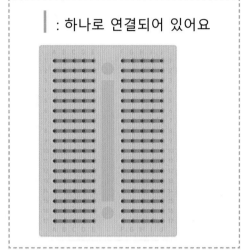

| : 하나로 연결되어 있어요

LED를 배터리에 연결하기

LED 두개의 극성을 잘 확인하고 각각 브레드
보드의 왼쪽과 오른쪽에 나눠 연결합니다.
배터리 케이스의 전원선도 극성에 맞게 브래
드 보드의 왼쪽과 오른쪽에 나눠 연결합니다.

🚧 조립 주의사항

LED는 다리가 긴쪽이 +극이고 짧은쪽이 -극
입니다. 배터리 케이스에서 나온 전원선은 빨
간색이 +극이고 검정색이 -극 입니다.

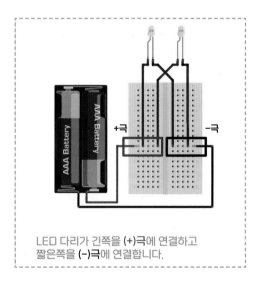

LED 다리가 긴쪽을 (+)극에 연결하고
짧은쪽을 (-)극에 연결합니다.

LED를 배터리에 연결하기

연결한 모습을 보면 왼쪽 사진과 같습니다.

🚧 조립 주의사항

LED를 연결한 선의 색은 어떤색이든 괜찮습
니다. 하지만 배터리 케이스에서 나온 선은 빨
간색이 +극 검정색이 -극 입니다.

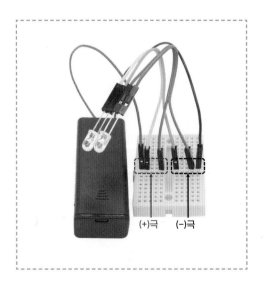

(+)극   (-)극

연결한 부품을 바닥면에 붙이기

'1'이라고 쓰여진 나무키트에 양면테이프를 이용해 브래드 보드와 배터리 케이스를 붙여줍니다.

🚧 조립 주의사항

브래드 보드는 바닥면에 양면테이프가 이미 붙여져 있습니다.

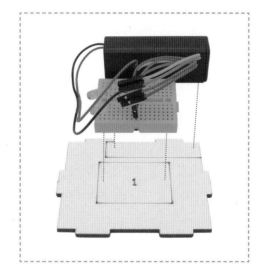

왼쪽면 조립하기

왼쪽면을 조립해 줍니다.

🚧 조립 주의사항

왼쪽과 오른쪽면의 모양은 같으므로 아무거나 먼저 조립해 주셔도 괜찮습니다.

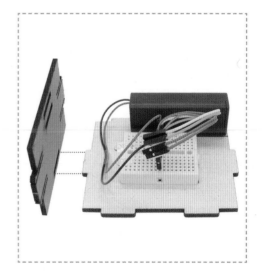

LED 고정판 조립

먼저 LED 구멍이 뚫려져 있는 나무판에 LED를 각각 끼워주고 앞서 조립한 왼쪽판의 상단 구멍 중 아래 구멍에 조립해 줍니다.

🚧 조립 주의사항

LED를 나무에 끼우는 도중 앞서 연결한 선들이 빠질 수 있으므로 특히 주의해야 합니다. LED를 다 끼우고 빠진선이 없는지 꼭 확인해 주세요.

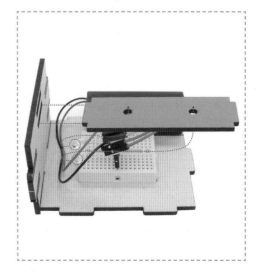

아크릴 고정판 조립

맨 상단에 아크릴을 끼울 고정판을 조립해 줍니다.

🚧 조립 주의사항

LED고정판과 마찬가지로 아직 앞서 조립한 나무판들이 흔들릴 수 있어 아크릴 고정판 조립 후 빠진 선은 없는지 꼭 확인해 주세요.

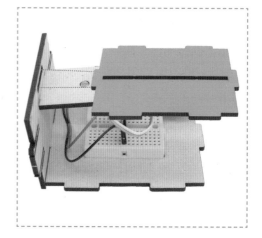

오른쪽 옆판을 조립하기

오른쪽 옆판을 조립해 줍니다.

🚧 조립 주의사항

아래판과 LED고정판, 아크릴 고정판을 모두 끼워야하기 때문에 주의가 필요합니다.
앞서 조립한 왼쪽판이 밀려 빠질 수 있으므로 잘 잡고 조립해 줍니다.

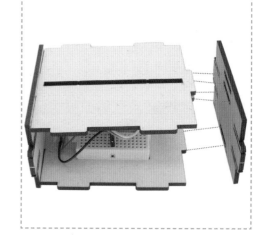

앞, 뒤판 조립하기

앞 뒷면을 조립해 줍니다.

🚧 조립 주의사항

앞 뒷면을 조립할때 뒷면의 나무판에는 배터리 케이스의 스위치를 켜고 끌 수 있도록 구멍이 뚫려져 있습니다.
구멍이 뚫려져 있는 나무판을 배터리 케이스 쪽에 조립해 주세요.

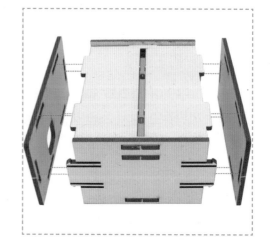

아크릴 램프 완!성!

아크릴 램프가 완성되었습니다.
이제 아크릴에 멋진 그림을 그려 끼워주면
나만의 아크릴 램프가 완성됩니다.

아크릴 램프 완!성!

도전! 나도 디자이너

✅ 작품 디자인하기

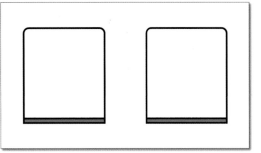

아크릴에 각인이나 색칠을 바로 하지 않고 먼저 선생님이 나눠준 도안용 틀 안에 펜으로 원하는 그림을 스케치를 합니다.

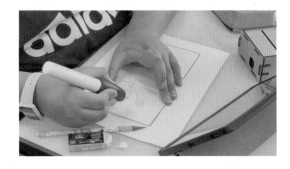

스캐치 된 도안 위에 아크릴을 올리고 전동 각인기, 각인기, 유성펜 등을 이용해 아크릴 위에 본 그림을 그려줍니다.

전동 각인기를 사용할 때 한번에 그리려 하면 각인기 촉의 회전으로 인해 선이 삐뚤어질 수 있으니 짧은 선을 여러 번 나누어 그려주세요.

✅ 작품 디자인하기

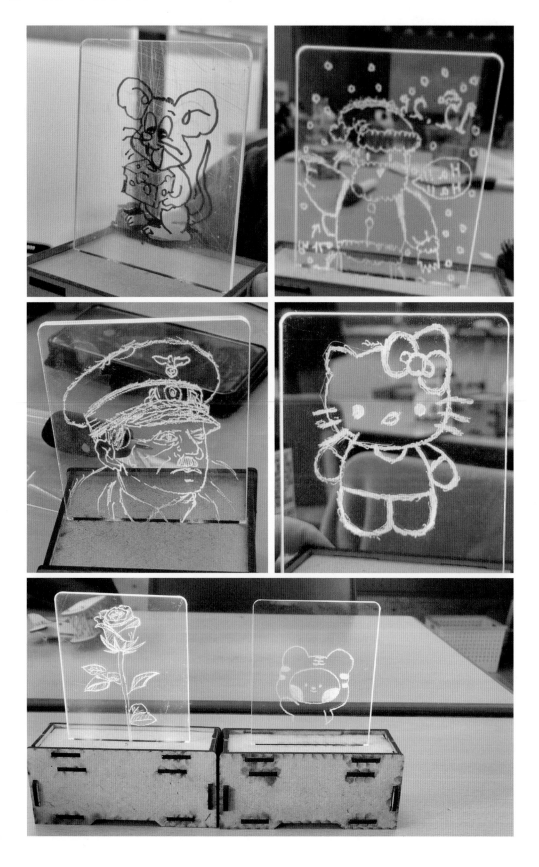

도전! 나도 디자이너

아크릴램프를 좀 더 예쁘게 꾸며볼까요?

- 그림: 아크릴램프에 어떤 그림을 끼웠나요? 얇은 그림을 끼울 때와 두꺼운 그림을 끼울 때 불빛이 다르다는 것을 알아챘나요?
- 받침대: 아크릴에 그림이 어울리도록 받침대를 잘 꾸몄나요? 독특하거나 재미있는 상황을 묘사해도 좋겠어요. 만약 그림이 폭포라면 받침대는 어떻게 꾸미면 좋을까요?
- 새로운 불빛: LED에 색상을 입히고 싶다면 무엇을 시도해볼 수 있을까요? 혹시 다른 색깔 LED가 없다면 여러분이 가지고 있는 셀로판지를 사용해볼 수 있을까요?

세상에서 하나밖에 없는 나만의 아크릴램프

- 아크릴램프에서 가장 공을 많이 들인 부분은 무엇인가요?

- 아크릴램프를 만들면서 아쉬웠던 점에는 무엇이 있나요?

- 아크릴램프를 만들면서 궁금했던 점이 있나요?

틴커리어! 미래 직업을 알려줘!

빛을 이용하여 예술 작품을 창조하는 놀라운 예술가들이 있습니다. 옛날에는 스테인드글라스를 만든 사람들이 그랬고, 오늘은 여러분이 그 주인공입니다. 최근의 멋진 빛전시회에서는 프로젝터와 센서를 사용하기도 합니다. 그것을 우리는 미디어 아티스트라고 부르기도 하지요. 미디어아트는 빛의 특성과 디지털 기술을 결합하여 다양한 시각적 표현을 만들어냅니다. 그렇다면 이 예술은 어떻게 빛의 에너지를 예술적 표현으로 변환하는 걸까요?

✅ 미디어아트는 어떻게 작동하나요?

미디어아트의 주요 구성 요소는 프로젝터, 센서, 그리고 소프트웨어입니다. 프로젝터는 디지털 이미지나 영상을 투영하며, 센서는 관람객의 움직임이나 반응을 감지하여 예술 작품에 반영합니다. 소프트웨어는 이 모든 것을 제어하고, 예술가의 창조적 표현을 현실화시킵니다.

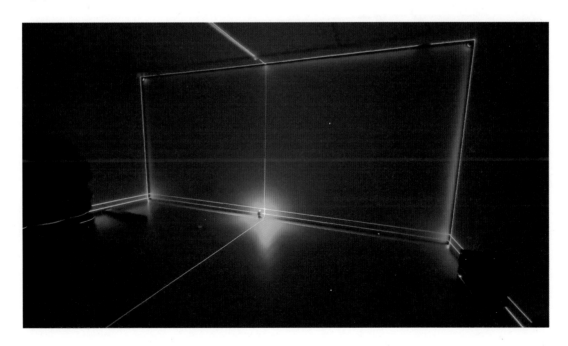

✅ 미디어아트의 인터랙티브 설치는 어떻게 작동하나요?

인터랙티브 설치는 관람객의 움직임이나 반응에 따라 예술 작품이 변화하는 미디어아트의 한 형태입니다. 센서가 관람객의 움직임을 감지하고, 이 정보를 소프트웨어로 전달합니다. 그런 다음, 소프트웨어는 이 정보를 바탕으로 프로젝터를 제어하여 예술 작품을 변화시킵니다.

예를 들어, 관람객이 특정 지점에 서면, 그 지점에서 빛의 패턴이나 색상이 변할 수 있습니다. 또는 관람객의 움직임에 따라 빛의 흐름이나 방향이 바뀔 수도 있습니다.

미디어아트는 지속적으로 발전하고 있으며, 더욱 다양하고 복잡한 표현 방법을 연구하고 개발하는 예술가들이 있습니다. 이러한 기술의 발전으로 미디어아트는 예술의 새로운 경계를 넓혀가고 있습니다.

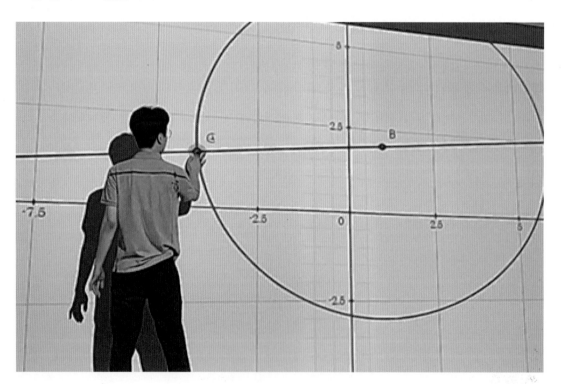

✅ 틴커리어의 직업추천

- 미디어아트 설계자: 빛과 디지털 기술을 이용하여 새로운 예술 작품을 설계하는 일을 합니다.
- 미디어아트 연구원: 빛의 특성과 디지털 기술을 연구하여 미디어아트의 새로운 방법을 개발하는 일을 합니다.
- 미디어아트 프로젝션 전문가: 다양한 표면에 빛을 투영하여 예술 작품을 현실화시키는 일을 합니다.
- 미디어아트 인터랙션 디자이너: 관람객의 반응과 움직임을 감지하여 예술 작품에 반영하는 인터랙티브 설치를 설계하는 일을 합니다.

MEMO

예제문제

1. 미디어아트에서 주로 사용되는 구성 요소로 옳지 않은 것을 고르시오.

① 프로젝터   ② 먹물

③ 센서   ④ 소프트웨어

2. 관련된 미래 직업과 하는 일이 바르게 연결되지 않은 것을 고르시오.

① 미디어아트 설계자: 관객들에게 새로운 경험을 주기 위해 미디어아트를 구성했어.

② 미디어아트 연구원: 미디어아티스트들이 새로운 기술을 적용할 수 있도록 소프트웨어 를 연구했어.

③ 미디어아트 프로젝션 전문가: 미디어아트의 핵심인 물감을 잘 이용하기 위해서 새로운 물감을 발명했어.

④ 미디어아트 인터랙션 디자이너: 관객들이 작품과 어떻게 상호작용할 수 있는지 연구했어.

전기 전문가
(버튼 LED)

전기의 요정
La Fée Eléctricité, Raoul Dufy

출처: https://en.wikipedia.org/wiki/Stained_glass

이 그림은 라울 뒤피의 '전기의 요정'입니다. 1937년 파리 국제 박람회를 위해 그려진 큰 벽화 중 하나에요. 이 그림은 '빛과 전기의 전시관' 입구에 있어요. 라울 뒤피는 전기 회사의 요청에 따라 전기의 이야기를 그렸어요. 그는 여러가지에서 영감을 받아 '전기의 요정' 이라는 주제로 그림을 완성했답니다.

그림의 위쪽 부분에는 바뀌는 풍경과 그의 좋아하는 주제들이 그려져 있어요. 예를 들면, 항해하는 배, 새 떼, 탈곡기, 국경일의 춤과 같은 것들이에요. 그리고 아래쪽에는 전기 발전에 기여한 110명의 과학자와 발명가들의 초상화가 그려져 있습니다.

이 그림을 보면 전기의 발전과 그것이 가져온 변화를 쉽게 이해할 수 있어요. 그림을 보는 것만으로도 우리는 전기의 고마움과 그것이 우리 일상에 어떻게 영향을 미치는지 알 수 있습니다. 그런데 뒤피는 어떻게 이런 그림을 그리게 되었을까요?

함께 생각해 볼까요?

- 라울 뒤피는 왜 '전기의 요정'이라는 주제로 그림을 그렸을까요?
- '전기의 요정'에는 전기의 발전과 관련된 중요한 사건이나 발명품이 나오는데 어떤 사건이나 발명품이 있을까요?
- 여러분이 생각하기에 전기와 관련된 새로운 발명품은 어떤 것이 나올 것 같나요?

 ## 명화와 함께 읽는 이야기

라울 뒤피는 어떻게 이런 그림을 그리게 되었을까요? 아마 많은 의견이 있겠지만 선생님은 이런 일이 일어나지 않았을까 하고 상상해보았어요.

옛날 옛적 어느 날 화가인 라울 뒤피는 영감을 얻기 위해서 파리의 작은 골목에서 예술 용품을 찾고 있었어요. 그러던 중, 눈에 띄는 작은 상점을 발견했어요. 상점 안에는 다양한 물건들이 있었지만, 그 중에서도 빛나는 한 개의 전구가 뒤피의 시선을 사로잡았답니다.

그 전구는 특별했습니다. 버튼을 누를 때마다 빛의 색이 바뀌었습니다. 빨간색, 파란색, 노란색... 그 빛은 마치 무지개처럼 아름다웠어요. 뒤피는 그 전구에 완전히 푹 빠져서 전구를 바로 샀어요.

집으로 돌아온 뒤피는 그 전구를 자신의 작업실에 설치했습니다. 그리고 그 전구의 빛 아래에서 그림을 그리기 시작했어요. 버튼을 누를 때마다 색이 바뀌는 전구의 빛은 뒤피에게 여러가지 예술적 아이디어를 주었어요. 그러던 중 그는 자연스럽게 전기의 힘과 빛의 아름다움에 대해 깊게 생각하게 되었지요.

그 생각은 점점 커져, 뒤피가 '전기의 요정'이라는 주제로 큰 벽화를 그리기 시작하게 만들었답니다. 그 그림은 전기의 발전과 그것이 가져온 변화, 그리고 그 전구에서 느꼈던 감동을 담아낸 거대한 작품이었어요.

뒤피는 그 작품을 통해 사람들에게 전기의 중요성과 빛의 아름다움을 전하고 싶었던 것이 아닐까요?

따라 해보기

전기 전문가(버튼 LED)

학습목표

- 3가지 빛을 내는 마법의 전구 알고리즘을 설계해 봅시다.
- RGB-LED를 만들기 위해서 필요한 부품을 알아봅시다.
- RGB-LED를 나만의 멋진 디자인으로 완성해 봅시다.
- 자신과 다른 사람의 RGB-LED를 함께 살펴보면서 잘한점을 칭찬해 봅시다.

 전기 전문가(LED)
제품조립 유튜브

전기회로란?

✅ 전기회로의 정의

- 그림과 같이 건전지, 전선, 저항을 나란히 이어 만든 폐회로를 가장 간단한 전기 회로의 예라고 할 수 있습니다.
- 전기가 흐를 수 있도록 구성된 닫힌 회로를 전기 회로라고 합니다.
- 전기회로에는 여러가지 전기적 소자가 전선으로 연결될 수 있습니다.

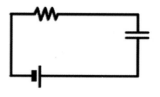

✅ 전기회로의 동작

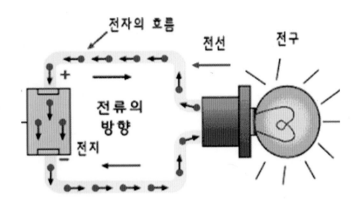

예 : 전구는 전지를 통해 전달받은 전류를 이용해 불을 켭니다.

- 전지를 통해 공급된 전류가 도선을 통해 소자에 전달이 되고 각 소자들은 공급받은 전류를 통해 각자의 역할을 수행하게 됩니다.

부품 설명

✅ LED

- LED(Light Emitting Diode)는 우리 말로는 '발광 다이오드'라고 표기하며, 전류를 가하면 빛을 발하는 반도체 소자입니다. 쉽게 설명하면, 전기에너지를 빛에너지로 변환시켜주는 '광반도체'입니다.
- LED는 극성이 있어 LED 극성을 반대로 연결하면 불이 켜지지 않습니다. 보통 긴 다리가 전지의 (+)극을 향하고, 짧은 다리가 전지의 (−)극을 향하도록 연결합니다.

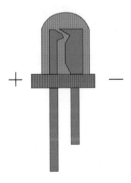

✅ RGBLED(3색 LED)

● **빨간색**, **녹색**, **파란색**을 빛의 삼원색이라고 부르는데, 이 세가지 색의 빛을 적절히 조절하면 어떠한 색이라도 만들어 낼 수 있습니다.

빨간색 + **녹색** = 노란색

빨간색 + **파란색** = 다홍색

녹색 + **파란색** = 청록색

이런 식으로 두 가지 원색을 혼합하여 생기는 색이 2차색이 됩니다.

세 가지 원색을 모두 섞으면 흰색이 됩니다.

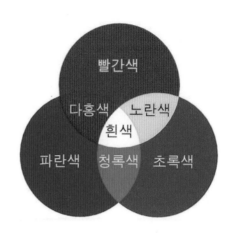

✅ LED 자세히 알아보기

영상으로 시청하세요.

https://www.youtube.com/watch?v=IbP3VS2I0iM

✅ 빛의 3원색

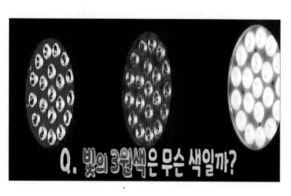

영상으로 시청하세요.

https://www.youtube.com/watch?v=mVJh6IbJRR8

✔ 저항

- 저항은 전류의 흐름을 방해하는 성질을 가지고 있는 소자로 저항의 크기는 물질의 종류와 형태에 따라 달라집니다.

- 저항의 크기는 띠의 **색과 개수로** 구분하는데, (우측 그림 참고) 저항을 이용하는 목적으로는 전류 제한, 전압 분배, 로직레벨 설정이 있습니다.

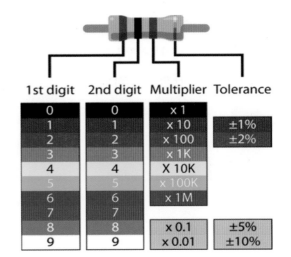

1st digit	2nd digit	Multiplier	Tolerance
0	0	x 1	
1	1	x 10	±1%
2	2	x 100	±2%
3	3	x 1K	
4	4	X 10K	
5	5	x 100K	
6	6	x 1M	
7	7		
8	8	x 0.1	±5%
9	9	x 0.01	±10%

✔ 저항 자세히 알아보기

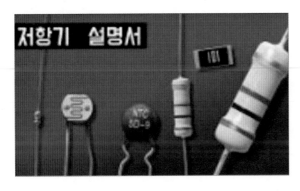

영상으로 시청하세요.

https://www.youtube.com/watch?v=JJGdXT846f0

✔ 버튼

- 우리가 흔히 Button이라 부르는 전자 부품은 스위치의 종류인 텍트 스위치와 **푸쉬 버튼 스위치를** 일컫는 용어입니다.

- 일반적으로 스위치 중 눌러서 작동하는 방식의 스위치를 **버튼**이라 부릅니다.

- 버튼은 전기/전자기기에서 전기의 흐름을 연결해 주거나 차단해 주는 역할을 합니다.

✅ 저항 자세히 알아보기

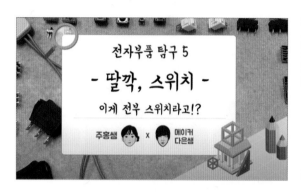

영상으로 시청하세요.

https://www.youtube.com/watch?v=OIFSPWx1i60

▶ 제품 구성품 안내

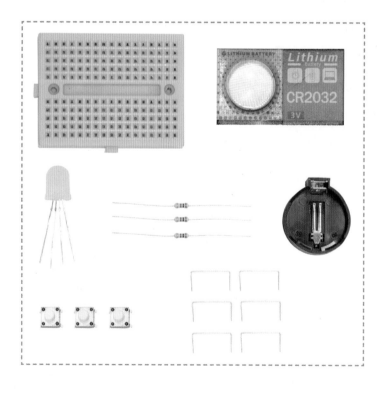

❶ 미니 브레드보드 : 1개

❷ 3색 LED(RGB LED) : 1개

❸ 버튼 : 3개

❹ 저항(220옴) : 3개

❻ 배터리 홀더 (원형) : 1개

❺ 배터리 (CR2032) : 1개

❼ 스테이플러 심 : 6개

▶ 조립 주의사항

✅ 전기전문가 만들기

브레드보드 사용법

브레드보드의 구멍들은 모두 짝이 있어요.
누가누가 짝꿍인지 잘 기억해둡시다.

🚧 **조립 주의사항**

가운데를 중심으로 위 아래가 분리된 구조 입
니다.

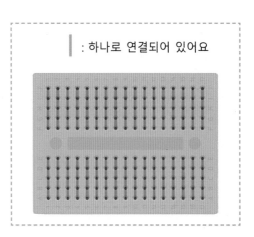

: 하나로 연결되어 있어요

I열 2번과 7번에 스테이플러 끼우기

옆의 그림을 참고해 I열 2번과 7번에 스테이플
러 심을 끼워줍니다.

🚧 **조립 주의사항**

스테이플러 심이 작고 뾰족하기 때문에 다치
지 않게 조심해야 합니다.

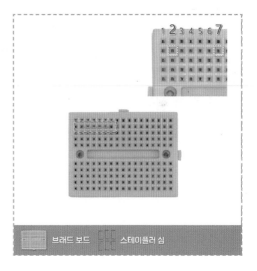

브래드 보드   스테이플러 심

J열 7번과 12번에 스테이플러 끼우기

옆의 그림을 참고해 J열 7번과 12번에 스테이
플러 심을 꽂아줍니다.

🚧 **조립 주의사항**

스테이플러 심이 작고 뾰족하기 때문에 다치
지 않게 조심해야 합니다.

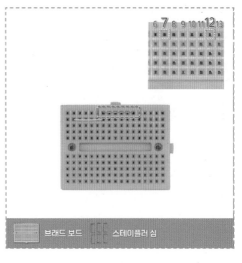

브래드 보드   스테이플러 심

I열 12번과 17번에 스테이플러 끼우기

옆의 그림을 참고해 I열 12번과 17번에 스테이플러 심을 꽂아줍니다.

🚧 조립 주의사항

스테이플러 심이 작고 뾰족하기 때문에 다치지 않게 조심해야 합니다.

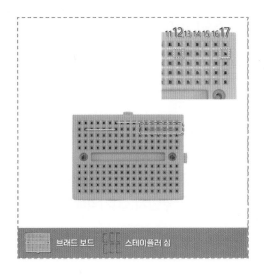

B열 1번과 6번에 스테이플러 끼우기

옆의 그림을 참고해 B열 1번과 6번에 스테이플러 심을 꽂아줍니다.

🚧 조립 주의사항

스테이플러 심이 작고 뾰족하기 때문에 다치지 않게 조심해야 합니다.

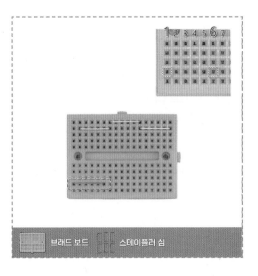

C열 6번과 11에 스테이플러 끼우기

옆의 그림을 참고해 C열 6번과 11번에 스테이플러 심을 꽂아줍니다.

🚧 조립 주의사항

스테이플러 심이 작고 뾰족하기 때문에 다치지 않게 조심해야 합니다.

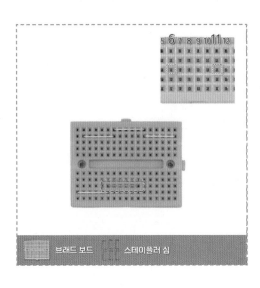

B열 11번과 16에 스테이플러 끼우기

옆의 그림을 참고해 B열 11번과 16번에 스테이플러 심을 꽂아줍니다.

⚠️ 조립 주의사항

스테이플러 심이 작고 뾰족하기 때문에 다치지 않게 조심해야 합니다.

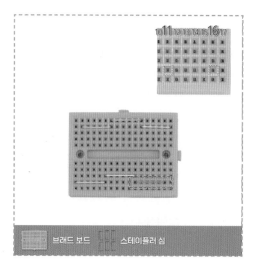

브래드 보드   스테이플러 심

3색 LED 끼우기

3색 LED의 다리를 적당히 벌려 J열 1번부터 4번까지 나란히 꽂아줍니다.

⚠️ 조립 주의사항

RGB LED의 다리 중 가장 길게 나와있는 다리가 "+"극 다리입니다.
+ 극 다리가 2번에 꽂혀지도록 방향을 잘 맞춰 조립해 줍니다.

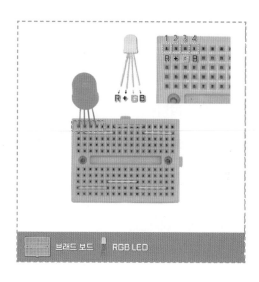

브래드 보드   RGB LED

버튼의 다리 끼우기

버튼의 다리를 적당히 조절해 네 다리가 각각 A열 1번과 3번 그리고 D열 1번과 3번에 오도록 꽂아 줍니다.

⚠️ 조립 주의사항

그림을 참고해 버튼 다리의 방향을 잘 맞춰 조립해 줍니다. 다리가 나와있는 방향이 세로인 것을 잘 확인하세요.

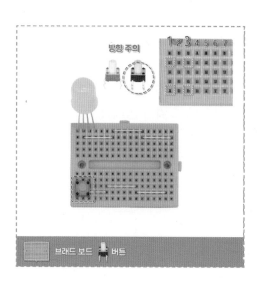

브래드 보드   버튼

버튼의 다리 끼우기

버튼의 다리를 적당히 조절해 네 다리가 각각 A열 4번과 6번 D열 4번과 6번에 오도록 꽂아 줍니다.

조립 주의사항

그림을 참고해 버튼 다리의 방향을 잘 맞춰 조립해 줍니다. 다리가 나와있는 방향이 세로인 것을 잘 확인하세요.

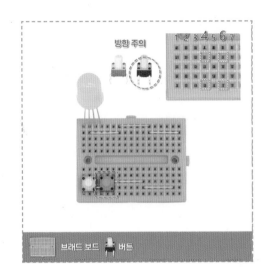

브래드 보드　버튼

버튼의 다리 끼우기

버튼의 다리를 적당히 조절해 네 다리가 각각 A열 9번과 11번 그리고 D열 9번과 11번에 오도록 꽂아 줍니다.

조립 주의사항

그림을 참고해 버튼 다리의 방향을 잘 맞춰 조립해 줍니다. 다리가 나와있는 방향이 세로인 것을 잘 확인하세요.

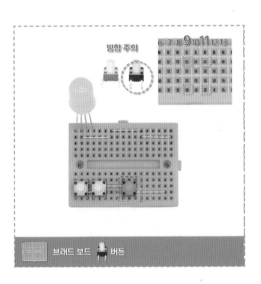

브래드 보드　버튼

저항 다리 자르기

저항 3개를 준비하고 저항의 다리를 2cm 정도만 남기고 가위로 잘라줍니다. 그리고 다리를 직각으로 꺾어 줍니다.

조립 주의사항

너무 짧게 자르면 저항을 끼울수가 없으니 조금 넉넉히 잘라주세요.

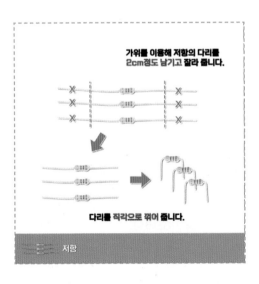

가위를 이용해 저항의 다리를 2cm정도 남기고 잘라 줍니다.

다리를 직각으로 꺾어 줍니다.

저항

D열 3번과 F열 1번에 저항 끼우기

첫번째 저항을 D열 3번과 F열 1번에 꽂아줍니다.

🚧 조립 주의사항

저항의 다리도 가늘고 뾰족하므로 손에 찔려 다칠 우려가 있습니다. 조립시 주의해 주세요.

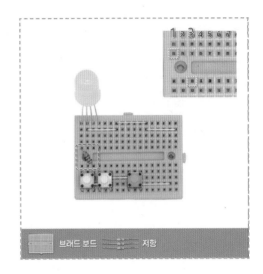

D열 4번과 F열 3번에 저항 끼우기

두번째 저항을 D열 4번과 F열 3번에 꽂아줍니다.

🚧 조립 주의사항

저항의 다리도 가늘고 뾰족하므로 손에 찔려 다칠 우려가 있습니다. 조립시 주의해 주세요.

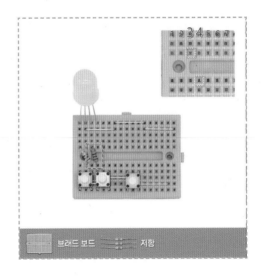

D열 9번과 F열 4번에 저항 끼우기

세번째 저항을 D열 9번과 F열 4번에 꽂아줍니다.

🚧 조립 주의사항

저항의 다리도 가늘고 뾰족하므로 손에 찔려 다칠 우려가 있습니다. 조립시 주의해 주세요.

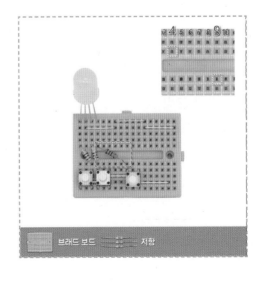

배터리 넣기

배터리를 배터리 홀더에 넣어줍니다.

조립 주의사항

글씨가 쓰여져 있는 부분이 위를 향해야하고 홀더의 둥근 부분쪽을 먼저 넣고 반대쪽을 눌러 "딸깍" 소리가 날때까지 끼워주세요.

위 사진처럼 배터리에 글씨가 써져있는 면이 위로 오도록 배터리 홀더에 한쪽을 먼저 넣고 반대쪽을 화살표 방향으로 눌러줍니다.

"딸깍" 소리와 함께 배터리가 끼워지면 완료.

배터리 홀더   배터리(CR2030)

D열 4번과 F열 3번 끼우기

배터리 홀더의 "−"극을 C열 16번에 꽂아주고 "+"극을 J열 17번에 꽂아 줍니다.

조립 주의사항

배터리 홀더에 네모 모양으로 튀어나온 부분이 "+"극이고 둥근 부분이 "−"극 입니다.

배터리 홀더의 튀어나온 부분이 위를 향하도록 놓고

튀어나온 부분을 17번에 둥근쪽을 16번에 꽂아줍니다.

배터리 홀더

전기전문가 완성

전기전문가 1 RGB LED키트가 완성되었습니다. 버튼을 이용해 불을 켜보고 여러 버튼을 한꺼번에 눌러 빛의 색을 조합해 새로운 색을 만들어보세요!

전기전문가 1 (RGB LED) 완성!

도전! 나도 디자이너

✅ RGB-LED를 좀 더 예쁘게 꾸며볼까요?

- 그림: RGB-LED전구의 표면에 어떤 디자인이나 그림을 그렸나요? 다양한 색상의 불빛이 그림을 통해 어떻게 반사되는지 확인해보았나요?

- 버튼: 3개의 버튼은 어떻게 꾸몄나요? 각 버튼이 어떤 색상을 나타내는지 쉽게 알 수 있도록 표시하였나요?

- 무드라이트: RGB-LED전구를 무드라이트처럼 사용하고 싶다면 어떤 추가 장식이나 기능을 넣을 수 있을까요? 예를 들면, 반짝이는 스티커나 무드등 전용 스탠드 등을 생각해볼 수 있겠죠?

✅ 세상에서 하나밖에 없는 나만의 RGB-LED

- RGB-LED에서 가장 공을 많이 들인 부분은 무엇인가요?

- RGB-LED를 만들면서 아쉬웠던 점에는 무엇이 있나요?

- RGB-LED를 만들면서 궁금했던 점이 있나요?

틴커리어! 미래 직업을 알려줘!

오늘 배운 RGB-LED는 우리 주변에서 사실 흔하게 볼 수 있습니다. 바로 여러분이 보고 있는 스마트폰이나 TV의 화면이지요. 이것을 LED디스플레이라고 부르기도 합니다. 전자 공학의 발전과 함께, LED 디스플레이 기술은 우리 일상의 다양한 제품에서 사용되고 있습니다. 스마트폰 화면부터 대형 광고판까지, LED 디스플레이는 선명한 화질과 다양한 색상의 빛을 제공하여 우리의 생활을 더욱 풍요롭게 만들어줍니다. 이러한 기술의 발전에는 전자공학자들의 노력이 뒤에 있습니다. 그렇다면, LED 디스플레이와 관련된 미래의 직업은 무엇이 있을까요?

🔽 디스플레이 엔지니어는 어떻게 작동하나요?

디스플레이 엔지니어는 LED 디스플레이의 성능과 품질을 개선하기 위해 연구합니다. 이들은 화면의 해상도, 밝기, 색상 정확도 등을 최적화하기 위한 새로운 기술과 소재를 개발하며, 이를 제품에 적용합니다.

🔽 디스플레이 설계자는 어떻게 작동하나요?

디스플레이 설계자는 사용자의 요구와 기술의 발전을 고려하여 새로운 디스플레이 제품을 설계합니다. 이들은 디스플레이의 크기, 형태, 사용 환경 등 다양한 요소를 고려하여 최적의 제품을 만들어냅니다.

✅ 틴커리어의 직업추천

- OLED 디스플레이 연구원: OLED 기술의 원리를 연구하고, 더 효율적이고 선명한 디스플레이를 개발하는 일을 합니다.
- 디스플레이 테스트 엔지니어: 새로운 디스플레이 제품의 성능과 안정성을 테스트하며, 문제점을 찾아 개선하는 일을 합니다.
- 디스플레이 마케팅 전문가: LED 디스플레이의 특징과 장점을 소비자에게 알리는 마케팅 전략을 수립하고 실행합니다.
- 디스플레이 제조 관리자: 디스플레이 제조 과정을 관리하며, 품질과 생산 효율을 최적화하는 일을 합니다.

MEMO

예제문제

1. 빈칸에 들어갈 말을 적으시오.

> ○○○○○기술은 우리 일상의 다양한 제품에서 사용되고 있습니다. 스마트폰 화면부터 대형 광고판까지 ○○○○○는 선명한 화질과 다양한 색상의 빛을 제공하여 우리의 생활을 더욱 풍요롭게 만들어줍니다.

① 디스플레이　　　　　　　　② 3D프린팅

③ 태양열발전

2. 관련된 미래 직업과 하는 일이 바르게 연결되지 않은 것을 고르시오.

① OLED 디스플레이 연구원: OLED의 전력 효율화를 연구하고 있어.

② 디스플레이 테스트 엔지니어: 더 튼튼하고 유연한 디스플레이를 개발하고 있어.

③ 디스플레이 마케팅 전문가: 디스플레이로 할 수 있는 다양한 일을 찾아서 광고를 만들고 있어.

④ 디스플레이 제조 관리자: 디스플레이를 더 많은 사람에게 판매하기 위해서 대형마트와 협의하고 있어.

예제문제 정답

| 손뼉등대 | 1. ② | 2. ③ |

| 인공지능선풍기 | 1. X | 2. ③ |

| 후후비행기 | 1. ① | 2. ④ |

| 전기자동차 | 1. ○○=모터 , □□□=축전지 | 2. ② |

| 아크릴램프 | 1. ② | 2. ③ |

| 전기 전문가(버튼 LED) | 1. ① | 2. ④ |

틴커리어 메이킹 제품 구매

 손뼉등대

제품구매링크 https://m.site.naver.com/1fNsW

 인공지능선풍기

제품구매링크 https://m.site.naver.com/1fNtl

 후후비행기

제품구매링크 https://m.site.naver.com/1fNu9

 전기자동차

제품구매링크 https://m.site.naver.com/1fNwb

 아크릴램프

제품구매링크 https://m.site.naver.com/1fNvs

 전기 전문가(버튼 LED)

제품구매링크 https://m.site.naver.com/1fPbF

 **틴커리어 메이킹 키트 "세트 구매" 할인 링크**

제품구매링크 https://naver.me/xY9GKNlf

티커리어
내 진로를 찾아줘~!

틴커리어

내 진로를 찾아줘~!